SUPERBUR
SAGGI

STORIA D'ITALIA

Indro Montanelli
Mario Cervi

L'ITALIA DELLA REPUBBLICA

(2 giugno 1946 - 18 aprile 1948)

Biblioteca Universale Rizzoli

ISBN 88-17-25894-6

prima edizione Superbur Saggi: aprile 2000
seconda edizione Superbur Saggi: settembre 2000

AVVERTENZA

Questo volume, che va dal referendum istituzionale del giugno '46 alle elezioni del 18 aprile '48, avremmo anche potuto intitolarlo «L'Italia delle scelte» perché fu in questo triennio che il nostro Paese fece quelle fondamentali: instaurò la Repubblica al posto della Monarchia, e si schierò nel campo delle Democrazie occidentali.

Si dirà che questa seconda scelta non la facemmo noi; l'avevano già fatta, per noi, gli accordi di Yalta, dove gli anglo-americani e i russi si erano spartiti l'Europa, e più ancora l'avevano fatta gli eserciti che la occupavano. Ma questo è vero solo per quanto riguarda i Paesi dell'Est, piantonati dall'Armata Rossa, che non consentì loro di esprimere la propria volontà. L'Italia, come tutte le altre nazioni liberate dagli anglo-americani, avrebbe potuto decidere il proprio destino contro i loro interessi. Le truppe che ci occupavano non sarebbero mai intervenute per impedircelo: su questo punto i governi di Washington e di Londra furono sempre espliciti: pronti a dare manforte alla nostra democrazia se fosse stata aggredita con mezzi illegali e violenti, ma anche ad abbandonarla alla sua sorte, se con mezzi democratici, cioè con libere elezioni, avesse deciso di seguirne un'altra.

L'ora della verità scoccò il 18 aprile del '48. Ma a determinare il risultato di quelle elezioni fu proprio il biennio che le precedette, e che costituisce la materia di questo libro. Non sono più molti, temo, gl'italiani che abbiano un ricordo nitido di quel periodo convulso, fatto insieme di grandi speranze e di grandi paure: l'impeto con cui tutti si gettarono a ricostruire ciò che le bombe avevano distrutto, ma anche il disordine con cui lo fecero, ognuno intento soltanto alle cose proprie e al proprio tornaconto, sen-

za un minimo di programmazione, senza alcun riguardo all'interesse generale; la rapidità e la spregiudicatezza con cui furono aggirati tutti gl'impacci e restrizioni imposte dall'amministrazione militare alleata; il fiorire della borsa nera che creò una categoria di nuovi ricchi dediti ai lussi più sfrenati in un panorama di macerie; l'epopea della bicicletta, unico mezzo di locomozione sicuro e sottratto alle strettoie dei tesseramenti di combustibile; la corsa ai brevetti di partigiano e le smanie dell'«epurazione» nutrite da un'alluvione di lettere anonime di denuncia contro qualche fascista (ognuno aveva il suo, di cui occupare il posto o la casa); le strade rigurgitanti di gente indaffarata a rimettere in piedi i propri affari, studi e negozi; le piazze ingombrate dai capannelli degli agit-prop, quasi tutti comunisti, concionanti sui destini della democrazia; la frenesia dei comizi che provocavano mobilitazioni di masse molto simili alle «oceaniche adunate» del «bieco ventennio» o, come usualmente lo si chiamava. E una gran voglia di vivere mescolata a un'altrettanto grande ansietà.

Di coloro che avevano votato Repubblica, la stragrande maggioranza lo aveva fatto per punire un Re che aveva accettato il fascismo, subìto la guerra, e poi era fuggito abbandonando il Paese e l'esercito al loro destino. Pochissimi si erano resi conto che, con la Monarchia, l'Italia rinnegava il Risorgimento, unico tradizionale mastice della sua unità. Era un mastice che non aveva mai operato a fondo e che aveva alimentato più una retorica che una coscienza nazionale. Ma, scomparso anche quello, il Paese era in balìa di forze centrifughe che ne facevano temere la decomposizione. Aizzata dai socialcomunisti, la lotta di classe deflagrava con una violenza proporzionale alla repressione cui per vent'anni l'aveva sottoposta il fascismo; mentre il regionalismo, fomentato soprattutto dai democristiani, assumeva, specialmente in Sicilia, gli estremi del separatismo.

Ci fu chi, prevedendo lo sfacelo, cercò scampo nei Paesi che si riaprivano alla nostra emigrazione: America Latina, Canada, Australia. Era un'emigrazione assai diversa da quella col passaporto rosso delle epoche prefasciste, di badilanti e zappaterra. C'e-

ra gente in cerca di un clima adatto alla sua intraprendenza, e anche tecnici e dirigenti che, epurati o temendo di esserlo, preferirono mettere altrove a profitto la propria esperienza, e la fecero brillare.

Ma un fenomeno ancora più sconvolgente fu quello dell'emigrazione interna, che subito prese l'aire dal Sud verso il Nord e assunse dimensioni alluvionali. Le strutture patriarcali del contadiname meridionale non avevano retto al rimescolìo della guerra, al contagio degli eserciti d'occupazione, alle seduzioni della borsa nera e della prostituzione. A trattenere i contadini nelle campagne non valsero le promesse di una riforma agraria che, quando venne, era già in ritardo di alcuni decenni. Essi l'anticiparono con occupazioni arbitrarie di terre, da cui però si accorsero subito che non avrebbero ricavato alcunché. E allora si misero in movimento prima verso le città più vicine, poi verso il Nord, dove li risucchiava il vigoroso decollo industriale. Questo fenomeno doveva farsi ancora più imponente negli anni Cinquanta, ma era già in sviluppo quando ancora, per compiere il tragitto da Napoli o da Bari a Milano, i treni, rigurgitanti di viaggiatori, impiegavano trentasei ore, e non sempre arrivavano a destinazione.

La frenesia di vita che animava l'Italia somigliava a quella che, a quanto si dice, s'impadronì dei passeggeri del Titanic *dopo l'urto con l'iceberg. Dovunque e in tutti c'era un senso di provvisorio. Il frenetico attivismo dei comunisti, i loro toni trionfalistici, la pressione a cui tenevano sottoposta la pubblica opinione incalzandola un po' con le minacce, un po' con le lusinghe, davano l'impressione ch'essi avessero ormai partita vinta. E in certe regioni infatti l'avevano, come l'Emilia, dove il «triangolo della morte» coi feroci ammazzamenti perpetrati dai comunisti subito dopo la Liberazione, invece di provocare una reazione di rivolta, aveva sortito – e forse continua a sortire – gli effetti dell'intimidazione. Nenni parlava, compiacendosene, di un «vento del Nord», e con ragione, perché tutto il Nord sembrava ormai in balìa dell'ondata rossa.*

Ma non il Sud. E fu questa differenza di clima ideologico e passionale, molto più che la difficoltà dei mezzi di comunicazione, e il diverso trattamento amministrativo cui dapprincipio gli Alleati sottoposero i due tronconi della penisola, ad approfondire il solco fra di essi. Fu proprio in opposizione al vento del Nord che nacque il «qualunquismo», fenomeno essenzialmente meridionale e – in quel momento – salutare, come sedativo di certe frenesie. Ma le frenesie sembravano avere il sopravvento e trascinare il Paese verso avventure, di cui era facile prevedere lo sbocco: Nostradamus nel cui inesauribile magazzino c'è, per chi ci crede, qualcosa da pescare per ogni emergenza, aveva profetato che un giorno i cosacchi avrebbero dissetato i loro cavalli alle fontane di Piazza S. Pietro.

Qualcuno dice che l'Italia non era mai stata grande come in quel momento per lo slancio con cui affrontò la ricostruzione, per la fiducia che mostrò nel proprio destino e per la elasticità con cui si adattò alle nuove esigenze. Qualche altro dice che l'Italia non era mai stata così abbietta per la facilità con cui la gente cambiò bandiera, per la disinvoltura con cui ripudiò il proprio passato e per la spensieratezza con cui sacrificò ogni scrupolo di solidarietà e di civismo al proprio interesse personale.

Forse hanno ragione gli uni e gli altri. Ma è certo che l'atavico istinto di conservazione fece presto ad avere la meglio. Più i partiti della sinistra si agitavano, in gara tra loro a chi reclamava le riforme più audaci, più l'italiano della strada, pur fingendo in piazza di partecipare ai grandi slanci progressisti, si arroccava in casa a difesa dei valori tradizionali e più ancora dei suoi interessi privati.

Gli storici, anche quelli anticomunisti, sono concordi nel dire che Togliatti esercitò un'azione sedativa sulle masse rosse un po' per scrupolo legalitario e allergia alla violenza, un po' in ossequio agli ordini di Stalin, che non voleva allarmare gli ex-alleati destabilizzando un Paese che, secondo le pattuizioni di Yalta, apparteneva alla loro zona d'influenza, nel momento in cui riduceva a colonie quelli dell'Est.

Può darsi che sia così. Togliatti non era un rivoluzionario. Da vero uomo di «apparato» cresciuto alla scuola sovietica, disprezzava le masse; forse temeva, scatenandole, di restarne prigioniero; e forse ancora di più paventava che l'instaurazione a Roma di un regime comunista facesse di lui uno di quei «proconsoli» che il padrone del Cremlino sottoponeva a regolari «purghe» per sottrarre i loro successori a tentazioni d'indipendenza.

Ma può darsi anche ch'egli allentasse la tensione delle piazze perché queste gli davano la certezza di poter raggiungere il potere senza il bisogno di ricorrere a mezzi illegali. La sicumera con cui, quando fu sbarcato dal governo, andava ripetendo nei comizi di aver ordinato al calzolaio un paio di scarpe chiodate per poter prendere meglio a pedate De Gasperi, era probabilmente sincera. E a rafforzarla c'era forse anche la convinzione che un potere raggiunto per via democratica grazie a un consenso liberamente espresso di popolo gli avrebbe dato maggior forza anche nei confronti di Mosca.

Sono soltanto supposizioni: nessuno ha mai penetrato i veri pensieri e sentimenti di Togliatti. Ma il fatto che gli se ne possano attribuire di questo tenore basta a dimostrare quanto, in questo decisivo triennio, l'Italia apparente fosse talmente diversa da quella reale da trarre in inganno anche un politico perspicace e consumato come Togliatti. Lo slancio di entusiasmo e di fiducia che aveva animato il Paese al momento della Liberazione si stava esaurendo. Solo i militanti socialcomunisti seguitavano ad animare il dibattito ideologico. La grande opinione pubblica già si mostrava stanca dei partiti e non seguiva che straccamente i lavori della Costituente, intenta a confezionare la Magna Charta *della democrazia italiana e delle sue libertà. Non riconosceva in essi la propria espressione, e già cominciava a chiedersi se non avesse avuto ragione Mussolini a tenerli in quarantena per vent'anni.*

Fu in quest'atmosfera che incubò la disfatta elettorale socialcomunista del '48, terminale del dopoguerra vero e proprio.

I. M.

CAPITOLO PRIMO

IL RE DI MAGGIO

L'abdicazione di Vittorio Emanuele III (9 maggio 1946), e la sua immediata partenza per l'esilio egiziano furono definiti da Palmiro Togliatti «l'ultima fellonia di una casa regnante di fedifraghi che dimostra ad ogni passo di mancare a quella buona fede costituzionale che è essenziale per chi deve regnare non con una legge assoluta, ma con una costituzione che risponda alla volontà sovrana del popolo».

L'enfasi di questo linguaggio, così poco nello stile della «svolta di Salerno», dimostra che il congedo del vecchio Re, pur atteso e scontato, e la successione al trono di Umberto II, sortirono nel mondo politico italiano l'effetto di un elettrochoc. Togliatti («una volta tanto intransigente» annotò Nenni) sostenne che la Monarchia aveva violato la tregua istituzionale, concordata quando era stata creata la Luogotenenza, e che per legittima ritorsione De Gasperi, nella sua qualità di Presidente del Consiglio, avrebbe dovuto assumere le funzioni di Capo provvisorio dello Stato.

Si è discusso parecchio sulle ragioni di quest'atteggiamento del capo comunista: qualcuno – ad esempio il ministro liberale Leone Cattani – l'attribuì a puro calcolo, ossia al suo desiderio di rifarsi, dopo tanti cedimenti, una verginità repubblicana. Altri vide in esso, invece, una reazione emotiva se non proprio uno scatto nervoso per l'improvviso rimescolamento delle carte. Certo è che Togliatti si trovò isolato, e nel Consiglio dei ministri che si riunì il 10 maggio accettò, sia pure rinnovando le sue accuse alla Corona, la tattica minimizzatrice di De Gasperi e, tutto sommato, anche dei socialisti. Fu deciso di considerare l'accaduto «un atto interno di Casa Savoia». Uno schema di decreto approvato a tambur battente stabilì che i documenti dello Stato avrebbero avuto d'allora in poi l'intestazione «In nome di Umberto II, re d'Italia», ma senza la formula tradizionale «per grazia di Dio e volontà della Nazione».

Ma l'«atto interno» risultò tutt'altro che tale. L'*entourage* di Umberto (abbiamo in proposito la testimonianza di uno dei suoi aiutanti di campo, l'ammiraglio Franco Garofalo) lo considerava il «qualcosa di nuovo che scuotesse l'opinione pubblica e ridestasse negli italiani quei princìpi e quelle energie che l'equivoco della Luogotenenza aveva fatto dimenticare e sopire, nella convinzione che la monarchia già non esistesse più».

All'investitura di Umberto, De Gasperi non intendeva opporsi. Sappiamo che era stato informato in anticipo, anche se a titolo privato, della abdicazione di Vittorio Emanuele. Sappiamo egualmente che, di fronte a questa eventualità, si era consultato con l'ammiraglio Ellery Stone, americano, e capo della Commissione alleata per l'Italia. Stone, in una lettera che De Gasperi aveva già in mano l'8 maggio, precisò che per gli Alleati la novità non aveva rilievo: «I Capi di Stato Maggiore sono del parere che l'abdicazione del re non comporta nessuna azione o commento da parte della Commissione alleata, in quanto non tocca per nulla i poteri costituzionali del principe Umberto».

Gli anglo-americani erano risoluti a ostentare, per il dilemma istituzionale, una posizione di rigorosa neutralità. Stone aveva, personalmente, simpatie monarchiche. Ufficiale già anziano della Riserva navale degli Stati Uniti, era stato mandato ad Algeri, quando la commissione di controllo per l'Italia vi si era insediata, come tecnico delle comunicazioni postali e telegrafiche. L'Artieri riferisce che a procacciargli quell'incarico era stato tra l'altro il fatto di essere stato insignito della Commenda della Corona d'Italia. Per i meccanismi delle promozioni e delle sostituzioni, Stone s'era trovato ad essere il vice dell'inglese Mason MacFarlane, protagonista dei primi contatti tra gli Alleati e il governo di Brindisi. Rimosso MacFarlane, brutto carattere – e ostile ai Savoia, tanto che s'era scontrato in proposito con Churchill-Stone ne aveva preso il posto, sia pure a titolo provvisorio (tra inglesi e americani vigeva la regola dell'alternanza, se avessero mandato via anche lui l'incarico sarebbe stato assegnato ad Harold Macmillan, il futuro Primo ministro conservatore britannico).

A Roma Stone s'era lasciato ammaliare dal bel mondo e dall'aristocrazia (vi trovò perfino moglie) e aveva stretto amicizia con il generale Infante, aiutante di Umberto. Ma nelle capitali alleate l'atmosfera era cambiata: soprattutto a Londra, dove i laburisti, vinte le elezioni, erano andati al governo, e si mostravano molto più freddi di Churchill verso la Monarchia. Inoltre i risultati delle elezioni amministrative di marzo, e la condotta di De Gasperi, rendevano assai meno inquietante, per Londra e per Washington, l'ipotesi di una vittoria della Repubblica. Tuttavia l'indifferenza dei vincitori per l'ascesa al trono di Umberto II fu un elemento rassicurante per i monarchici. Se gli angloamericani, supervisori della legalità democratica, non obbiettavano, perdevano forza le proteste e le indignazioni dei partiti.

Ciò che alla fine indusse i *leaders* politici – compreso, dopo una pausa di riflessione, l'infuriato Togliatti – alla rassegnazione fu la conferma della data del 2 giugno per il referendum. I monarchici avevano chiesto ripetutamente che la duplice prova – referendum istituzionale ed elezione dell'Assemblea Costituente – fosse rinviata a epoca più opportuna. Sottolineavano, non senza fondamento, che avrebbero forzatamente disertato le urne centinaia di migliaia di prigionieri tuttora in attesa del rimpatrio, nonché i cittadini della Venezia Giulia e dell'Alto Adige. Meglio aspettare. Ma la richiesta di rinvio aveva, al di là di queste spiegazioni patriottiche, una molla strumentale. Gli ambienti della Corte sentivano che, via via che si placava il vento del Nord, si sviluppava nel Paese una rimonta monarchica. Ma ventiquattro giorni erano pochi perché Umberto, finalmente Re a tutti gli effetti, liberato dall'ingombrante presenza del padre, riuscisse a ricostruire la sua immagine e a rinnovare quella della Monarchia.

Il suo compito era quasi proibitivo. L'uomo che nei mesi della Luogotenenza s'era distinto per la scrupolosa osservanza degli obblighi costituzionali e per la signorilità sorridente e autorevole del tratto, doveva, come Re, essere al di sopra delle parti, e nello stesso tempo fare propaganda elettorale. Non esisteva un vero partito monarchico, i consiglieri di Umberto avevano scartato questa soluzione. Difficile dire, oggi, se avessero visto giusto.

Era questo che aveva arroventato le proteste contro l'abdicazione di Vittorio Emanuele. Poiché la Corte voleva il rinvio delle elezioni, e i partiti intendevano tener ferma la data del 2 giugno, fu evidente ai *leaders* politici repubblicani che una crisi originata dall'abdicazione poteva diventare proprio il diversivo che Umberto cercava. Dal conflitto tra Re e governo – se al conflitto aperto si fosse giunti – sarebbe derivato un intrico di problemi costituzionali e politici. Umberto aveva la facoltà di licenziare il governo, sia pure soltanto per guadagnare tempo. E in tal caso gli Alleati sarebbero diventati probabilmente arbitri dello scontro. Ma in una atmosfera incandescente di accuse e controaccuse, referendum ed elezioni per la Costituente sarebbero stati irrealizzabili, o comunque viziati. In questa occasione Nenni portò acqua al mulino di De Gasperi, cui premeva di togliersi la spina del referendum, senza troppe ambasce per il suo esito. De Gasperi era consapevole della forza sua e del suo partito, su cui Nenni invece prendeva abbaglio. Il capo socialista annotava il 14 maggio nel suo diario: «Da Verona sono rientrato in aereo (dopo una serie di comizi) con De Gasperi, il quale aveva parlato dopo di me a Verona, nella elegante Piazza Dante, davanti a poche centinaia di persone sbandate rapidamente per la pioggia. È impressionato per il successo dei nostri comizi e inquieto circa l'avvenire».

Liberato dall'incubo di un rinvio del referendum, il governo rimase tuttavia con quello dell'ordine pubblico. L'assillo di evitare l'incidente grave, e forse fatale, poneva in sottordine ogni altra considerazione. E questo fece sì che venissero approvate con noncuranza, e con negligenza, misure delle quali il Paese subisce tuttora le conseguenze. Venne ad esempio varato in fretta un progetto – mandato ai ministri della Consulta siciliana – che concedeva alla Sicilia una autonomia inconcepibilmente ampia, ritagliata sulle esigenze, le ambizioni, gli appetiti di una classe politica locale avida, spensierata e prodiga, non certo sull'interesse del Paese.

L'ordine pubblico, considerato la vera misura della efficienza governativa, era affidato a due uomini, entrambi di sinistra, entrambi repubblicani dichiarati: Togliatti, ministro di Grazia e Giustizia, e Giuseppe Romita, socialista, ministro dell'Interno. Togliatti non dimenticava mai l'ideologia, e gli obbiettivi politici comunisti. La cautela di cui diede prova, come Guardasigilli, era in sintonia con la sua tattica morbida, compromissoria, tesa a una conquista indolore del potere (sia pure, inizialmente, a mezzadria). Ma era anche in sintonia con la sua personale ripugnanza per gli eccessi e per gli sfoghi rivoluzionari incomposti. Professorale, intellettualmente e caratterialmente altero, non aveva certo imparato, nei molti anni di soggiorno moscovita, ad apprezzare le esplosioni e le convulsioni barricadiere. Ai magistrati inviò una circolare in cui rilevava che in molte province si erano verificate «manifestazioni di protesta da parte di disoccupati culminanti in gravissimi episodi di devastazione e di saccheggio a danno di uffici pubblici nonché di violenze contro i funzionari. Pertanto questo ministero... si rivolge alle Signorie Loro invitandole a voler impartire ai dipendenti uffici le opportune direttive affinché contro le persone denunciate si proceda con la massima sollecitudine e con estremo rigore. Le istruttorie e i relativi giudizi dovranno essere espletati con assoluta urgenza onde assicurare una pronta ed esemplare repressione». Egualmente duro era stato il suo intervento contro Riccardo Lombardi, prefetto politico socialista e resistenziale di Milano, che aveva destituito il direttore del carcere di San Vittore dopo una delle ricorrenti rivolte di detenuti, rimpiazzandolo con un ex-partigiano comunista: «Apprendo arbitraria destituzione direttore carcere e sua sostituzione con funzionario non competente. Invitola immediatamente a revocare provvedimento». Dottrinariamente rivoluzionario, ma istintivamente repressore, consapevole dei limiti che la «protezione» alleata poneva alle velleità insurrezionali, Togliatti blandì la magistratura, utilizzò i funzionari fascisti, accettò il sostanziale fallimento della epurazione. Le «volanti» rosse, i comunisti alla Secchia con i loro arsenali nascosti e i loro mitra che talvolta si facevano sentire – come nelle carceri di Schio dove era stata fatta strage, nel giugno del '45, degli accusati di fascismo che vi erano rinchiusi – erano una riserva. Ma per il momento la parola d'ordine era la legalità. Togliatti aveva riconosciuto la necessita di un'amnistia che sanasse almeno in parte i troppi conti – politici e giudiziari – in sospeso: ma volle che, decisa a fine maggio, fosse promulgata dopo il referendum perché il Re non se ne potesse attribuire il merito.

Romita era un ingegnere sulla sessantina. Tortonese di

nascita, si era formato, come militante socialista, a Torino. Il padre, capomastro, era stato fervente monarchico e galoppino elettorale di deputati conservatori. Molto piccolo di statura, con una faccia brutta e simpatica da gnomo, Romita aveva modi bonariamente bruschi. I giornalisti che lo interrogavano sapevano che, se la domanda era appena impertinente, avrebbero avuto per risposta un ceffone semipaterno o un pugno. Quando s'era trattato di nominare, nel primo Gabinetto De Gasperi, il ministro dell'Interno, l'allora Luogotenente avrebbe visto volentieri la designazione d'un vecchio «saggio»: Orlando, Nitti, Bonomi. In vista d'una consultazione da cui dipendeva il destino della Monarchia, uno di questi *revenants* (fantasmi, come li aveva sprezzantemente definiti Vittorio Emanuele III) sarebbe stato garanzia di correttezza e obbiettività. I dosaggi politici volevano invece che la poltrona fosse assegnata a un socialista: ne era dubbio solo il nome. Anche qui la Corte aveva un suo preferito, Angelo Corsi, che era, in casa socialista, uno degli uomini meglio disposti verso Umberto. In subordine Gaetano Barbareschi, un mite sindacalista. Venne invece designato Romita, che non era certo un massimalista, ma aveva grinta: e sbandierava ai quattro venti la sua inconcussa fede repubblicana.

Nell'Italia disastrata di quel primo dopoguerra, con gli strascichi della mattanza di fascisti al Nord, con i fenomeni di banditismo un po' dovunque – in Sicilia, ma anche a Milano o sul passo del Bracco in Liguria, dove i rapinatori erano in sistematico agguato – la poltrona di ministro dell'Interno era forse la più scomoda del governo. Nel Sud divampavano frequenti *jacqueries* sanguinose – proprio quelle che avevano provocato la citata circolare di Togliatti – nelle quali i moventi veri della fame e della disoccupazione si intrecciavano all'azione di sobillatori. L'Arma dei carabinieri aveva mantenuto, nonostante tutto, una apprezzabile disciplina e una discreta efficienza. Alto era inoltre il suo prestigio, e intatto il rispetto della popolazione nei suoi confronti. Non era lo stesso per la polizia, che dovette subire il reclutamento di ufficiali e agenti ausiliari – quindicimila – tratti dalle file partigiane. Era una misura benintenzionata, almeno per la maggioranza dei componenti il governo: mirava ad inquadrare nel servizio pubblico elementi avviati allo sbando e alle violenze. Accadde tuttavia che – in particolar modo a Milano, dove al posto di Lombardi si era installato un altro «politico», Ettore Troilo, avvocato e capo partigiano abruzzese – i nuovi poliziotti si rivelassero bravacci maneschi, e anche disonesti. Dopo un'inchiesta si procedette all'arresto di un vicequestore ausiliario, e altri elementi vennero allontanati o puniti. La polizia era insomma un organismo ambiguo, troppo vecchio e troppo nuovo insieme, politico per residui fascisti e politico per inquinamenti rivoluzionari ed eversivi di sinistra.

Romita – lo ricordiamo a suo merito – ebbe una parte decisiva nel ripristino dei prefetti di carriera, dopo le tante nomine azzardatamente politiche (Milano rimase un'eccezione). Il Consiglio dei ministri s'era occupato del problema in due riprese, il 31 gennaio e il 15 febbraio 1946, e De Gasperi aveva vigorosamente sostenuto la tesi che le prefetture dovessero tornare nelle mani di funzionari di carriera, liberi da influenze ideologiche e politiche. «I prefetti di carriera sono dei politicanti e dei reazionari, hanno ancora le liste degli antifascisti e non quelle dei fascisti» gli aveva replicato il comunista Scoccimarro. Ma con De Gasperi e con i liberali si era schierato Romita, rendendo possibile la «restaurazione».

Restava, con tutto questo, il fatto inoppugnabile che il referendum sarebbe stato preparato e sorvegliato da un ministro accesamente repubblicano: e i monarchici di allora – così come la successiva pubblicistica monarchica, fino al recente volume di Artieri su Umberto II – non mancarono di lamentare la situazione di svantaggio in cui la loro battaglia veniva combattuta. Dal punto di vista politico la lagnanza è ineccepibile. Non solo la nomina di Romita, ma l'intera impostazione governativa privilegiava la Repubblica, e la dava per ineluttabile (il motto di Nenni non era forse «la Repubblica o il caos»?). A dissentire, nel governo, c'era la sola voce dei liberali, che era flebile e nemmeno concorde. Uno degli esponenti maggiori del Pli, Manlio Brosio, ministro della Guerra, aveva optato per la Repubblica, ed ebbe lo scrupolo di informarne personalmente Umberto II, il quale, con molta eleganza, gli rispose che non questo importava, ma la sua capacità di ministro.

Tutt'altro discorso va invece fatto per l'apparato amministrativo e per la magistratura: come si vide quando sembrò che le sorti del referendum dipendessero da una pronuncia della Cassazione. I due più stretti collaboratori di Romita, il Comandante dei carabinieri generale Brunetto Brunetti, e il Capo della polizia Ferrari, erano entrambi monarchici ferventi. E – specialmente il primo – non si curavano di nasconderlo. «Da quel rigido militare che era – ha scritto Romita riferendosi al generale Brunetti – mantenne costantemente nei miei confronti un atteggiamento improntato al massimo rispetto, ma pure restava monarchico a tal punto che se parlava del suo Re gli venivano i lucciconi agli occhi.»

Nelle settimane che precedettero il referendum, Romita non si mosse praticamente mai dal Viminale, e la sera cenava insieme a Brunetti, a Ferrari, al vice-capo della polizia De Cesare. Con loro era abitualmente anche la moglie di Romita, che gli portava la biancheria pulita. Il Viminale era una fortezza. «Chiusi gli ingressi principali, vi si accedeva dalla parte posteriore presso la caserma della "Celere". E *jeeps*, autoblindo, squadroni a cavallo sostavano in permanenza all'interno, fra cavalli di Frisia... Non meno efficiente era la difesa del Quirinale, che avevo fatto organizzare da un colonnello, ovviamente dei carabinieri, Perinetti.»

Non appena divenuto Re, Umberto rivolse al Paese un proclama che, pur pacato nel tono e nobile nei propositi, contribuì ad allarmare i repubblicani. Il Re promise di rispettare «le libere determinazioni dell'imminente suffragio» ma si riferì anche a una «rinnovata monarchia costituzionale», e formulò l'auspicio che tutti si stringessero «intorno alla bandiera, sotto la quale si è unificata la patria e quattro generazioni di italiani hanno saputo laboriosamente vivere ed eroicamente morire». «Davanti a Dio – concludeva il messaggio – giuro alla Nazione di osservare lealmente le leggi fondamentali dello Stato, che la volontà popolare dovrà rinnovare e perfezionare.» Gli entusiasmi monarchici ripresero lena non solo nel Sud, ma anche nella apatica Roma: e lo stesso 10 maggio – Umberto aveva iniziato la giornata assistendo con la famiglia alla Messa nella cappella dell'Annunziata, attigua ai suoi appartamenti nel Quirinale – fu organizzata una manifestazione di fedeli della Corona. La folla monarchica, con musiche e bandiere, si riunì davanti al Quirinale e applaudì a lungo Umberto, Maria Josè, i figli. Romita aveva ordinato che non vi dovessero essere cortei, ma una parte dei dimostranti si inoltrò verso il Viminale. Dal Ministero mossero reparti di polizia su *jeeps* e a cavallo che agirono rudemente, perfino «con le mitragliere pesanti puntate» per disperdere quella che Romita, qui esplicitamente fazioso, bollò come «ignobile gazzarra». Si lamentarono molti contusi e qualche ferito. Nenni ha ricordato che i monarchici volevano a ogni costo che al Viminale fosse esposta la bandiera, evidentemente con lo scudo sabaudo. «Quando sono arrivato al Viminale, Romita si dibatteva fra le esitazioni del Capo della polizia Ferrari e De Gasperi che, al telefono, gli chiedeva di esporre la bandiera. Mi sono recisamente opposto dicendo che, se si vuole il ricorso alla piazza, non ci sarà da ridere, ma da piangere.» Per ritorsione, il giorno successivo a Roma fu sospeso il lavoro nelle fabbriche e negli uffici e, dopo un appello dei maggiori partiti – tranne il liberale – e della Camera del Lavoro, i sostenitori della Repubblica gremirono Piazza del Popolo. Parlò tra gli altri Saragat, e diversi cortei dilagarono per la capitale. Altre masse, in altre città, soprattutto settentrionali, reagirono con comizi al «colpo di mano» del Re di maggio.

Con poca convinzione (aveva confidato a Luigi Barzini *jr.* che «la Repubblica si può reggere col cinquantuno per cento dei voti, la Monarchia no»), ma con il senso del dovere che sempre l'aveva caratterizzato, Umberto fu, nelle settimane che seguirono, il propagandista di se stesso. Lo sollecitavano ad un attivismo intenso, quasi frenetico, i più battaglieri tra i suoi intimi: Enzo Selvaggi, segretario generale del Partito democratico italiano, Edgardo Sogno, valoroso comandante partigiano, il senatore Bergamini, il primo aiutante di campo generale Infante, con qualche esitazione anche il ministro della Real Casa, Falcone Lucifero. Nel loro fervore, questi consiglieri ebbero intuizioni felici, ma indussero anche Umberto a più di una goffaggine. Come quando gli fecero firmare un messaggio ai milanesi in cui, per giustificare l'assenza sua, e di ogni principe della Casa Savoia, dalla guerra partigiana, diceva: «Ho seguito sempre la vostra lotta col rimpianto di non poter essere fra voi, perché impedito dalle cure del mio ufficio e dalle direttive politiche che il Comando supremo alleato dettava».

I «grandi vecchi» monarchici, Vittorio Emanuele Orlando e Benedetto Croce, non facevano mistero delle loro convinzioni ma riluttavano ad impegnarsi troppo scopertamente: Orlando, forse perché nonostante gli ottantacinque anni suonati sperava nella Presidenza della neonata

Repubblica, Croce perché in lui era ben netta la distinzione tra la Monarchia come istituto – che giudicava degno di sopravvivere e ancora utile nella situazione italiana – e i due uomini che fino al 9 maggio e dopo il 9 maggio l'avevano impersonata e l'impersonavano.

Umberto fu a Genova, a Milano, a Torino, a Venezia, a Napoli, in Sicilia, in Calabria, in Sardegna. Ebbe molti applausi e segni di affetto a volte delirante nel Sud, accoglienze fredde con sporadici fischi e grida ostili al Nord. Il suo peregrinare nelle metropoli del «triangolo industriale» fu comunque meno tempestoso di quanto si potesse temere, nell'infuriare delle accuse che le sinistre muovevano alla Monarchia. Non avvennero incidenti di rilievo. La città più ostica fu Genova, dove il prefetto tentò di indurre Umberto ad andarsene subito. «Non ne volle sapere – scrive Romita – così che dall'automobile poté vedere in faccia gli uomini e le donne che, per le strade, gli urlavano contro insulti.» Proprio da Genova, a conclusione di questo «patetico ma poco dignitoso trasferirsi da un palazzo reale all'altro, da un santuario all'altro, da una tomba all'altra» (citiamo da *La fine della monarchia* di Domenico Bartoli), il Re lanciò, a campagna elettorale chiusa, cosicché i partiti non furono in grado di replicare, un proclama a sorpresa.

Osservò, in esso, che gli italiani erano «costretti ad assumere, per sé e per i propri figli, una scelta così grave». Costretti, quasi per imposizione straniera o politica. Annunciò poi che se l'esito di questo primo referendum fosse stato favorevole alla Monarchia, egli ne avrebbe comunque indetto un altro, alla fine dei lavori della Costituente. Era una mossa abile, che agli incerti prospettava la scappatoia d'un giudizio d'appello. La concessione di decine di migliaia di croci di cavaliere o d'altre onorificenze integrò lo sforzo elettorale del Re, cui la regina Maria Josè collaborò di malavoglia, e avaramente. Era apparsa al balcone del

Quirinale, con il marito, il principe ereditario, le principesse, per offrire ai monarchici festanti l'immagine d'una famiglia unita e serena. Ma poi limitò la sua azione propagandistica alle consuete iniziative benefiche tramite la Croce Rossa e a qualche viaggio. Un giorno che, a una cerimonia della Croce Rossa, era stata presa a male parole da donne repubblicane, telefonò a Umberto Zanotti Bianco, promotore dell'iniziativa: «Io non ce la faccio, e tutto sommato non c'entro». Era pessimista. «Che figura se avremo soltanto il dieci o il quindici per cento» fu udita mormorare.

Durante la vigilia infuocata del 2 giugno, e subito dopo, corsero le immancabili voci di complotti monarchici e di maneggi della sinistra, per impedire o inquinare il voto. Romita ha asserito che si progettò di rapirlo, che due battaglioni di carabinieri erano pronti ad un *putsch*, che al Viminale «si notò un certo movimento non autorizzato di carabinieri in borghese che, a piccoli gruppi, si disponevano nei corridoi interni, fra la direzione di pubblica sicurezza e il mio gabinetto». Era accaduto che agenti di polizia di sinistra arrestassero, dopo un comizio monarchico, dei carabinieri in borghese che vi avevano partecipato, e che ufficiali dell'Arma si precipitassero in Questura, armi in pugno, per liberare i prigionieri. L'Artieri sostiene a sua volta che «la stessa topografia del Viminale venne modificata, mediante chiusure di corridoi, aperture di altri, uso di paraventi e sbarramenti aleatori di legno e di plastica: tutto per rendere accessibili ai soli fiduciari del ministro certi uffici e isolare il gabinetto dello stesso Romita». Questo però sa più di illazione che di prova. Sicuro è invece che, se in talune località meridionali la propaganda di sinistra fu osteggiata, pesante fu l'intimidazione esercitata, in larghe aree del Settentrione, contro gli attacchini e i manifesti monarchici (ne furono diffusi centomila con la scritta su fondo azzurro «Monarchia»). Quattro quotidiani, tutti romani, erano dichiaratamente monarchici, *Italia Nuova* diretto da Enzo Selvaggi, *Risorgimento liberale* diretto da Mario Pannunzio, *Il Secolo XX* diretto da Manlio Lupinacci, il *Giornale della Sera*. Tendenzialmente favorevole alla Corona fu anche, dopo un effimero decollo socialisteggiante (per la presenza tra i fondatori di Leonida Rèpaci) *Il Tempo* di Renato Angiolillo. Il *Corriere della Sera* di Milano, l'organo di gran lunga più influente, si batté a oltranza in favore della Repubblica, sotto la direzione di Mario Borsa. Per la Repubblica fu anche *La Stampa* di Torino. Si dette il caso di tipografi che rifiutarono di stampare pubblicazioni o volantini che fossero a sostegno della Monarchia. La pubblicistica ostile a Umberto abbondò nella riproduzione di fotografie sue (gli archivi ne ridondavano) con il braccio levato nel saluto romano, o accanto a Mussolini e a Hitler in cerimonie ufficiali. Ci si poteva aspettare di peggio, dopo la prima impetuosa raffica del vento del Nord: e bisogna ammettere, nella prospettiva storica, che la Monarchia, accanto alla quale il fascismo si era imposto ed aveva governato, era esposta a questi incerti. Ma il duello non fu ad armi pari.

La Chiesa si dichiarò, nello scontro, neutrale. Nella forma lo fu. Nella sostanza assai meno. Degli otto milioni di voti democristiani, sei andarono alla Monarchia, benché il partito avesse scelto la Repubblica; e questa ripartizione non fu frutto del caso. Molti appartenenti al basso clero e la stragrande maggioranza dei vertici ecclesiastici preferivano la scelta monarchica perché era quella che presentava minori incognite.

Pio XII era un conservatore, ma senza le aperture e l'elasticità di De Gasperi, che lo era anche lui, ma in modo diverso. Si disse che Umberto gli piaceva perché era un buon cattolico, assai lontano in questo dall'agnosticismo paterno. La spiegazione ci pare riduttiva. Contava ben altro, in quei frangenti, che l'osservanza delle pratiche religiose da parte del Re. Più probabilmente, Pio XII non si fidava della politica e delle prospettive di De Gasperi. Non se ne fidò mai. Artieri, confidente di Umberto, sostiene che la «leggenda» di un Papa favorevole alla Monarchia e di un pro-segretario di Stato (Giovanni Battista Montini) contrario ad essa è infondata. «Montini all'inizio non parve del tutto contrario, ma alla fine, quando la causa della Monarchia venne palesemente abbandonata dagli Alleati anglo-americani, non poté... non tenere conto della realtà.» La testimonianza è di prima mano. Tuttavia insistiamo nel ritenere che la «leggenda» fosse sostanzialmente vera.

Così venne il 2 giugno, e gli italiani scelsero. Anche il Re votò già rassegnato alla sconfitta. La mattina stessa incaricò infatti il generale Infante di concordare con De Gasperi le modalità della partenza per l'esilio. Gli premeva inoltre sapere se – stando ai precedenti – fosse opportuno o no che si recasse a votare: uno dei più vecchi maggiordomi della Casa Reale rammentò d'avere accompagnato al seggio elettorale – almeno un quarto di secolo prima – Vittorio Emanuele III, e il figlio si regolò allo stesso modo. Raggiunse, accompagnato da Infante, la sezione di via Lovanio, non lontana da Villa Savoia. Fu accolto con simpatia. Non lo lasciarono in coda, in segno di rispetto, e si assicura che abbia deposto, sia per il referendum sia per la Costituente, scheda bianca. Poiché la gente lo applaudiva, il presidente di un seggio vicino si avvicinò ad ammonire che erano proibite le manifestazioni politiche. Verso sera, nella sezione di Largo Brazza votò Maria Josè, che era scortata da Manlio Lupinacci. Si vuole che, infilata una scheda bianca per il referendum, per la Costituente avesse invece scelto il socialismo, e dato la preferenza a Saragat. Ma dai documenti della Presidenza De Gasperi, raccolti dal suo capo di Gabinetto Bartolotta, e citati da Antonio Gambino, risulterebbe che Umberto, quando il Presidente del Consiglio gli fece cenno delle voci sul voto di Maria Josè, telefonò alla moglie per sapere cosa ci fosse di vero. Maria Josè rispose che «le notizie pubblicate dai giornali sono inesatte». Tuttavia (è Nenni che lo annota il 4 giugno) «il bel Peppino (Saragat) che non sta nella pelle ha raccontato a Togliatti e a me di aver saputo da Lupinacci che la Regina ha votato per i socialisti, dando la preferenza a lui».

A Nenni che gli chiedeva, il primo giugno, per chi avrebbe votato, De Gasperi aveva risposto: «Il voto è segreto. Ma sono pronto a scommettere con te che il mio Trentino nero darà più voti alla Repubblica della tua rossa Romagna» (l'azzeccò). La figlia Maria Romana attestò poi che sia il padre, sia lei, avevano votato Repubblica.

Il paese si mantenne, nella prova, calmo, la partecipazione alle urne fu alta, l'89 per cento.

CAPITOLO SECONDO

IL 2 GIUGNO

Nella notte fra il 3 e il 4 giugno, quando i dati elettorali che affluivano al Viminale prendevano già consistenza, Romita temette che la Repubblica fosse stata sconfitta. «Intorno alle ventiquattro sembrava che ogni speranza fosse perduta. Mi chiusi nello studio per scorrere e riscorrere quei dati. No, non era possibile! Tornai a leggerli, prendendo appunti, facendo calcoli. No, non era possibile! Eppure le cifre erano lì, col loro linguaggio inequivocabile!»

Il ministro dell'Interno esagera alquanto, per rendere la concitazione drammatica del momento, con i punti esclamativi. Ma era un ingegnere, non uno scrittore: e di numeri se n'intendeva. «Il guaio – citiamo ancora Romita – fu che anziché dal Nord i primi dati arrivarono dal Sud. Una vera beffa della sorte. A conoscenza di quanto accadeva, in quelle prime ore, fummo soltanto De Gasperi, Nenni e io.»

Il ministro s'illudeva, per quanto concerneva la segretezza. De Gasperi stesso, attento a non compromettere le *chances* sue e del suo partito in caso di successo monarchico, aveva informato Falcone Lucifero della tendenza iniziale. «Signor ministro – gli scrisse il 4 giugno – le invio i dati pervenuti al Ministero dell'Interno fino alle 8 di stamane. Come vedrà si tratta di risultati assai parziali che non permettono nessuna conclusione. Il ministro Romita considera ancora possibile la vittoria repubblicana. Io personalmente non credo che si possa – rebus sic stantibus – giungere a tale conclusione. Cordialmente. De Gasperi.

P.S. Le cifre sono ancora confidenziali. Le sarò grato se Ella mi mandasse Sue eventuali informazioni accertate.»

Rincuorato anche da questa autorevole anticipazione, Umberto vide risorgere la possibilità, insperata, di una vittoria. «Ho l'impressione – disse a Falcone Lucifero nel pomeriggio di quello stesso giorno – che si stia attuando l'ipotesi prevista nel messaggio agli italiani rivolto da Genova. Offrirò dunque, a breve scadenza, un secondo referendum.»

Anche i giornalisti avevano avuto sentore della iniziale prevalenza monarchica, ma, cedendo alla dietrologia nazionale, rifiutarono la spiegazione più semplice e ne elaborarono una sofisticata. Il socialista Romita aveva di proposito lasciato trapelare, supposero, notizie favorevoli alla Monarchia, per poi tirar fuori dal cassetto un milione di voti repubblicani che vi aveva accantonato, e godersi il colpo di scena. Secondo la versione di Romita, che nella sostanza è stata confermata da testimonianze autorevoli e insospettabili, l'altalena dei risultati dipese unicamente dal modo in cui pervennero al centro. Non appena divenne massiccio il peso del Settentrione, la Repubblica passò in vantaggio, tanto che il computo finale le diede 12.182.000 voti contro i 10.362.000 della Monarchia. Un milione e mezzo, ma lo si seppe dopo, le schede bianche o nulle (che nella successiva contestazione tra il Re e il governo acquisteranno importanza decisiva). «Il milione di voti era arrivato – commentò Romita nelle sue memorie – ma non era uscito dal mio cassetto, sibbene da centinaia, da migliaia di urne.»

Il referendum aveva tuttavia dimostrato, caso mai ce ne fosse bisogno, che esistevano due Italie, e che il periodo dopo l'8 settembre 1943 – con il Regno del Sud e la Repubblica di Salò – aveva accentuato le loro dissimiglianze. In tutte le province a nord di Roma, tranne due, aveva prevalso la Repubblica, in tutte quelle a sud di Roma, tranne due, aveva prevalso la Monarchia. Le eccezioni furono Cuneo e Padova a nord, Latina e Trapani a sud. All'85 per cento che la Repubblica ebbe a Trento, al 77 per cento che ebbe in Emilia-Romagna, si contrapposero il 77 per cento che la Monarchia ebbe in province come Napoli e Messina (ma la sua punta massima fu a Lecce, 85 per cento).

La pubblicistica monarchica continua ad alimentare, dopo un quarantennio, i dubbi sulla correttezza del conteggio. Il recupero repubblicano fu preceduto – osserva l'Artieri – da un lungo silenzio, e da minacce di sciopero generale se la Monarchia avesse prevalso (l'intenzione c'era negli ambienti di sinistra; Romita stesso ha raccontato d'avere ricevuto, alcuni giorni prima, un gruppo di operai che l'avevano avvertito: «Se vincerà la Monarchia indiremo lo sciopero generale»). Era logico, con questi precedenti, che la successiva valanga repubblicana suscitasse qualche sospetto. Quando, la notte sul 5, un corrispondente straniero telefonò a Infante per comunicargli che ormai la Repubblica era in testa con due milioni di voti in più, il generale ribatté: «È un assurdo, inspiegabile rovesciamento di fronte». Ma al di là di questa sensazione di sconcerto e di qualche minore episodio locale, la tesi monarchica della manipolazione delle schede o dei numeri non ha validi sostegni. Gli ambienti di Corte accettarono inizialmente il responso delle urne con amarezza, ma senza obbiezioni alla sua genuinità. Falcone Lucifero lo comunicò a Umberto (notte sul cinque giugno), e così ha descritto la scena: «Eravamo tutti e due commossi per quanto non volessimo darlo a vedere. Le sconfitte rivelano gli animi meglio delle vittorie».

La mattina del 5 la vittoria repubblicana era data già per certa, anche se con qualche residua cautela. Il singolare titolo dell'*Unità* rivelava un'ombra di perplessità: «Il compagno Nenni ha informato il compagno Togliatti che la Repubblica ha vinto». Se era una frottola, tanto peggio per il compagno Nenni. All'alba (sempre del 5 giugno) Enzo Selvaggi, cui erano pervenute, nella redazione dell'*Italia Nuova*, informazioni sugli annunci, da parte della stampa repubblicana, della ormai consolidata maggioranza antimonarchica, telefonò a Romita. Quelle anticipazioni, protestò, violavano l'impegno secondo il quale dovevano essere rese note solo cifre ufficiali. Romita promise una precisazione. Il suo capo di Gabinetto Vicari dichiarò che, per quanto gli risultava, «la notizia della maggioranza repubblicana non ha fondamento», e un comunicato di Romita definì «non attendibili» i gridi di trionfo giornalistici. Sulla base di queste rettifiche l'*Italia Nuova* li bollò come menzogneri. In realtà erano un po' azzardati, non falsi.

Alle 10,30 De Gasperi, che aveva chiesto l'appuntamento alcune ore prima, fu introdotto al Quirinale nello studio di Umberto: lo accompagnavano Bartolotta e Giulio Andreotti. (Nel suo *Visti da vicino* Andreotti ricorda un De Gasperi «sempre tranquillo, fin dal primo colloquio», anche se, «sicuro della lealtà e del buon senso del Re, non lo era altrettanto per quel che riguardava i suoi consiglieri».) Professandosi «dolorosamente sorpreso», De Gasperi informò il Re della «considerevole maggioranza per la Repubblica», leggendo le cifre che Romita gli aveva fornito. Tra breve disse, il governo avrebbe fatto una dichiarazione ufficiale: la proclamazione spettava comunque alla Corte di Cassazione. Il Presidente del Consiglio illustrò anche la procedura che a suo avviso doveva essere seguita per il trapasso dei poteri. Avutosi il responso dalla Corte, De Gasperi, il primo presidente Giuseppe Pagano e il procuratore generale Pilotti ne avrebbero solennemente riferito al Re (o ex-Re) al Quirinale. De Gasperi avrebbe quindi scortato Umberto alla partenza. Umberto espresse il desiderio di rivolgere un messaggio d'addio al Paese, e De

Gasperi acconsentì. A sua volta aveva in animo di pronunciare due brevi discorsi, l'uno a suggello della cerimonia con cui la Cassazione doveva avallare l'esito del referendum, l'altro per esprimere a Umberto in partenza per l'esilio il riconoscimento, da parte del governo, della sua correttezza costituzionale e democratica.

Questo progetto protocollare pareva non solo realizzabile, ma certo, a contrassegno di una unanime volontà distensiva. Alla Corte premeva soprattutto di ridurre al minimo la durata della «situazione penosa» in cui era il Re. Nel tardo pomeriggio, al Viminale, i rappresentanti dei partiti che avevano presentato liste nazionali e una folla di giornalisti ascoltarono Romita – dopo un perfetto *uppercut* a George Brian dell'Associated Press, perché gli stava troppo addosso – che dava lettura dei risultati. Quando i partiti di sinistra proposero che il 2 giugno fosse dichiarato festa nazionale, perfino Selvaggi si associò.

La famiglia reale si affrettò a fare le valige. Umberto volle che Maria Josè e i figli partissero immediatamente per Napoli, e si imbarcassero sull'incrociatore *Duca degli Abruzzi* che era stato messo a loro disposizione. Maria Josè oppose qualche resistenza, quando già era a Napoli, e Umberto incaricò Infante di precipitarvisi per costringerla «anche con la forza» (Artieri) a lasciare l'Italia. I principi di Casa Savoia ebbero analogo ordine dal Re, che la sera del 6 giugno, mentre il *Duca degli Abruzzi* già navigava verso il Portogallo, cenò al Quirinale con i suoi più stretti collaboratori (la cosiddetta Corte nobile), avendo accanto a sé il Conte di Torino e il duca Aimone d'Aosta. Il Conte di Torino pregò Umberto di dispensarlo dalla partenza («sono vecchio, quasi cieco, che fastidio posso dare a questa benedetta Repubblica? Non si potrebbe fare un'eccezione per me?»), ma la parola del Re, e la legge, non potevano essere trasgredite. Il passaggio si prospettava tranquillo, e in qualche modo consensuale, tanto che i politici già congetturavano sulla lottizzazione delle poltrone più importanti, e Nenni, che avrebbe visto volentieri De Gasperi «nella nicchia della Presidenza della Repubblica», capì che da quest'orecchio il *leader* democristiano non ci sentiva. De Gasperi «insiste sulla candidatura Bonomi alla Presidenza della Repubblica e sulla sua alla Presidenza del Governo, lasciando a noi socialisti la Presidenza della Costituente».

La bomba che mandò in pezzi l'intesa deflagrò la mattina del 7 giugno. Giovanni Cassandro, che era segretario del Pli, informò Cattani, anche lui liberale, monarchico, e ministro dei Lavori pubblici, che un gruppo di docenti di diritto dell'Ateneo padovano aveva presentato alla magistratura un ricorso contro i risultati del referendum: o piuttosto contro l'interpretazione che ad essi era stata data. Non sappiamo chi in realtà avesse innescato la miccia, e se Cassandro e Cattani fossero stati davvero sorpresi dalla novità: che – pur liquidata da Nenni come una «questione da mozzaorecchi» – era seria. I professori osservavano che il decreto luogotenenziale del 16 marzo precedente con il quale era stato indetto il referendum si riferiva a «maggioranza degli elettori votanti», non dei voti validi. E la cifra degli elettori votanti mancava tra quelle rese note da Romita, che s'era limitato a indicare i voti per la Repubblica e i voti per la Monarchia. Occorreva una maggioranza qualificata, da calcolare tenendo conto anche delle schede bianche e nulle: occorreva cioè, come si dice in gergo elettorale, un *quorum*. Un successivo decreto (23 aprile) aveva una dizione assai diversa, perché disponeva che nelle singole circoscrizioni si procedesse «alla somma dei voti attribuiti alla Repubblica e di quelli attribuiti alla Monarchia», ignorando un numero base (totale dei votanti) su cui ci si dovesse regolare. Ed è probabile che la formulazione del primo decreto fosse derivata soltanto da quella scarsa diligenza legislativa che rende l'Italia il terreno di coltura ideale dei cavilli. I successivi accertamenti dimostrarono tra l'altro false le voci secondo le quali le schede bianche o nulle erano state assai più numerose nel referendum che nelle elezioni per la Costituente (furono invece quasi mezzo milione in meno, un milione e mezzo contro 1.930.000, e questo si spiega con la maggior complessità della votazione per la Costituente). Restava il fatto che il calcolo ufficiale del Ministero dell'Interno dava alla Repubblica il 54,26 per cento dei voti, e alla Monarchia il 45,74, mentre il calcolo dei docenti padovani, che Selvaggi e poi anche Cassandro e Cattani adottarono, riduceva la maggioranza repubblicana al 51,01 per cento. Così esigua che uno spostamento causato dalla scoperta di errori e illegalità – a questo i ricorrenti intendevano arrivare – poteva vanificarla completamente.

Ancora il 7 giugno, nonostante quel che bolliva in pentola, Umberto si attenne al programma del congedo, e andò dal Papa. Il cerimoniale – non visita di un Capo di Stato a un altro Capo di Stato, ma visita «privata» di un Capo di Stato – era stato elaborato con sottigliezza. Il Re era in uniforme di maresciallo, ma senza decorazioni. L'udienza durò mezz'ora, il commiato fu freddo, Pio XII pronunciò frasi di circostanza («È nel segno del rispetto della legge umana e divina che Vostra Maestà troverà in questi giorni amarissimi la giusta strada secondo le tradizioni della sua casa»). Ma l'8 giugno l'iniziativa dei docenti padovani divenne crisi politica perché Selvaggi se ne appropriò, mettendo in causa il referendum nella sua globalità, e opponendosi alle conseguenze che se ne dovevano trarre. In due successive lettere a De Gasperi, il segretario del Partito democratico nazionale riassunse le argomentazioni dei giuristi padovani sul *quorum*, insinuò che il governo volesse risolvere la questione con un colpo di Stato strisciante, e propose infine di subordinare «la formazione di un eventuale governo provvisorio repubblicano ad un impegno, solennemente preso da tutti i partiti e garantito internazionalmente, di sottoporre a nuovo e regolare referendum il problema istituzionale». Il governo sperava che la Cassazione desse il suo responso il 9 giugno, così che ne risultasse abbreviato un pericoloso tempo di incertezza. Ma il presidente Giuseppe Pagano decise per il pomeriggio del 10 giugno, alle 18. Come sede della cerimonia fu prescelta la Sala della Lupa, a Montecitorio, chiamata a quel modo per una lupa romana di bronzo che vi era collocata.

Si diffuse in anticipo l'informazione che la Cassazione non si sarebbe sbilanciata, tanto che l'ammiraglio Stone e i rappresentanti del corpo diplomatico non si fecero vedere, e l'*Osservatore Romano*, stampato mentre la cerimonia era in corso scrisse che si era avuta la proclamazione «dei soli voti attribuiti alla Monarchia e alla Repubblica con riserve di rettifiche che verrebbero rese note attraverso la Gazzetta ufficiale». Nell'imminenza della pronuncia della Cassazione i ministri furono convocati in gran fretta perché, spiegò loro De Gasperi, «il Re chiedeva il rinvio della proclamazione... a domani mattina, e cio perché egli non poteva partire alle sette di sera per un viaggio in aereo di almeno cinque ore. Abbiamo offerto di anticipare la cerimonia e si è poi deciso di lasciare le cose come stavano». Pur nel colmo dell'offensiva monarchica, Umberto sembrava sempre risoluto ad andarsene senza porre problemi. Ma i più battaglieri tra i suoi intimi lo stavano lentamente convincendo a resistere. La Cassazione – e della Cassazione i due massimi esponenti, il primo presidente Giuseppe Pagano e il procuratore generale Pilotti – assumeva, imprevedibilmente, un ruolo di primo piano nella vertenza istituzionale. La faccenda del *quorum* dava al loro intervento un contenuto non più formale, e celebrativo, ma sostanziale.

Pagano e Pilotti erano magistrati scrupolosi, di vecchia

scuola, ma sicuramente mal disposti verso la Repubblica. Pagano, palermitano, prossimo alla pensione, apparteneva a una dinastia di uomini di toga. Il padre Giambattista, senatore del Regno, era stato nominato conte da Vittorio Emanuele III nel 1910, quando il nuovo palazzo di giustizia di Roma era stato consegnato all'ordine giudiziario. Conservatore, Pagano era stato tuttavia tra i pochi magistrati che avevano rifiutato l'iscrizione al Partito fascista. Egualmente conservatore – e con maggiore animosità antirepubblicano – era Massimo Pilotti, ancora in carica all'inaugurazione dell'anno giudiziario del 1947, quando ad Enrico De Nicola, Capo provvisorio dello Stato, egli non rivolse neppure una parola di saluto o di omaggio, suscitando scandalo e riprovazione.

Alle 18, dunque, magistrati, governo, giornalisti erano nella Sala della Lupa. Venti i giudici della Cassazione (oltre al primo presidente e al procuratore generale, sei presidenti di sezione, e dodici consiglieri). Scelti e di alto rango gli invitati, tra i quali gli ex-Presidenti del Consiglio Orlando, Bonomi e Parri. A un tavolo avevano preso posto, davanti a due addizionatrici con manovella del tipo usato un tempo nelle botteghe, due «computisti» dei quali ci sono stati tramandati i nomi: il ragionier Ciccarelli (che avrebbe sommato i voti per la Repubblica nelle 31 circoscrizioni, man mano che il presidente Pagano ne desse lettura), e il ragionier Fracassi, che avrebbe proceduto alla stessa operazione per la Monarchia.

Nella solennità di quella cornice, solo un po' compromessa dalle macchine contabili, cessato lo sventolìo di giornali con cui i presenti tentavano di difendersi dalla sciroccosa calura pomeridiana, Pagano prese a leggere con voce a malapena udibile i verbali. Tirate le somme, i computisti posero due foglietti di carta davanti al Presidente che annunciò i totali, ma – citiamo dall'Artieri – commise una svista e attribuì alla Repubblica dodicimila voti, corretti subito in dodici milioni. A conclusione Pagano disse: «La Corte, a norma dell'articolo 19 del decreto luogotenenziale 23 aprile 1946 numero 1.219, emetterà in altra adunanza il giudizio definitivo sulle contestazioni, proteste, reclami presentati agli uffici delle singole sezioni, a quelle centrali e circoscrizionali e alla Corte stessa concernenti le operazioni relative al referendum: integrerà il risultato con i dati delle sezioni ancora mancanti (erano pochissime 118, e in ogni caso ininfluenti, *N.d.A.*) e indicherà il numero complessivo degli elettori votanti, dei voti nulli e dei voti attribuiti». Nessuna proclamazione (qualcuno che teneva d'occhio De Gasperi affermò d'averlo visto contrarre il viso in un moto di disappunto); Pilotti, che avrebbe dovuto alzarsi e dire: «Proclamo che il popolo italiano nel referendum del 2 giugno sulla forma istituzionale dello Stato ha scelto la Repubblica», non si mosse. L'Italia non era più Monarchia e non era ancora Repubblica, tanto che non si poté, rispondendo all'invocazione di una piccola folla, esporre a Montecitorio la bandiera, perché non si sapeva quale fosse.

Naufragata la sua intenzione di andare subito al Quirinale con Pagano e Pilotti, e chiudere il capitolo istituzionale, De Gasperi vi si avviò ugualmente in compagnia del liberale Arpesani, monarchico. Umberto sapeva già cosa era avvenuto, e assunse una posizione rigida. «La Corte ha rinviato a un secondo tempo la proclamazione dei risultati definitivi... La proclamazione di un governo provvisorio repubblicano è un'illegalità. Preferirei, se un trapasso dovesse esserci, nominarla io stesso reggente civile. Non è possibile aderire alla sua richiesta di un trapasso di poteri e la mia conseguente partenza: in simili condizioni essa assomiglierebbe ad una fuga.» La tesi Selvaggi era ormai la tesi del Re, disposto a delegare poteri che rimanevano formalmente suoi.

Dal Quirinale – erano le otto di sera – De Gasperi si

precipitò al Viminale per consultarsi con gli altri ministri. Nella sua ansia di evitare conflitti – a Napoli si avvertivano i prodromi di un'esplosione della «piazza» monarchica – sconsigliò che la Repubblica fosse data per formalmente acquisita. Un trapasso di poteri «provvisorio» era forse la migliore strada. Molte furono le obbiezioni: tutte «repubblicane», con la sola eccezione di Cattani. Fu disposto che De Gasperi tornasse immediatamente al Quirinale. Lo fece, dopo una telefonata di preavviso, accompagnato non più da Arpesani, ma dal ministro Mario Bracci, azionista, e ardente repubblicano. Era il sintomo d'una diversa disposizione del Presidente. De Gasperi e Bracci discussero con due consiglieri del Re, Falcone Lucifero e Carlo Scialoja, il testo d'una dichiarazione soddisfacente per tutti. Il governo era disposto ad accettarne una in base alla quale, poiché i dati comunicati dalla Cassazione erano «suscettibili di modificazioni e di integrazioni», il Re consentiva che «fino alla proclamazione dei risultati definitivi il Presidente del Consiglio eserciti i poteri di Capo dello Stato, a partire dalle ore zero dell'11 giugno 1946, ai sensi dell'articolo 2 del decreto luogotenenziale del 16 marzo 1946».

A prima vista questo consenso reale non era molto diverso dalla delega già proposta da Umberto. La differenza, ha osservato Antonio Gambino nella sua *Storia del dopoguerra*, era invece sostanziale. «Nel testo studiato da Bracci e De Gasperi, nonostante si parli di un consenso da parte di Umberto II, i poteri che vengono assunti dal Presidente del Consiglio non derivano dal Sovrano ma dal decreto legge del marzo precedente.»

Alle 10 di sera la nuova formula fu sottoposta al Re, che era febbricitante, e ricevette De Gasperi e Bracci, contro il suo solito, con gelida correttezza, e senza amabilità alcuna. Fu un incontro breve, che non smosse il Re.

Tra Quirinale e Viminale il solco si approfondiva, in De Gasperi cresceva una fredda collera trentina, e Falcone

Lucifero si lasciava trascinare, secondo la testimonianza di Bracci, da una collera calda, calabrese. Raccontò il ministro azionista che Lucifero, affrontato De Gasperi che non si risolveva a lasciare la reggia senza disinnescare la mina istituzionale, «era iroso, addirittura violento... Ci disse che era un assurdo parlare di trasferimento di poteri prima della decisione dei ricorsi e che erano state indegne le nostre pressioni sulla Cassazione, e sbatteva gli occhiali sul petto di De Gasperi che se ne stava tutto assorto e che sembrava straordinariamente più alto di questo inquieto signore». I particolari di questa scena sono stati, secondo Lucifero, «inventati di sana pianta» dal Bracci in un articolo del 1946 sulla rivista *Il Ponte*. Lucifero ha ricordato, smentendo Bracci, che questi era divenuto ministro solo nel febbraio precedente, in sostituzione di Ugo La Malfa e che, a parere dello stesso De Gasperi, era «il più fazioso del suoi ministri, più di Nenni e Togliatti».

La divergenza tra Bracci e Lucifero riguarda comunque circostanze accessorie. Resta fermo che, durante il drammatico colloquio, De Gasperi pronunciò una frase grave: «E sta bene: domattina o verrà lei a trovare me a Regina Coeli o verrò io a trovare lei». Fu uno scatto. Dopo il quale l'instancabile mediatore chiese di rivedere il Re, che fu duro: «Io scompaio, vi affido l'Esercito e la Marina, mi astengo da qualsiasi gesto che possa scatenare la guerra civile. Non potete chiedermi di più... Lei senta il Consiglio dei ministri e domattina ci si rivedrà. Raccomandi al Consiglio di avere pazienza. Non casca il mondo se passa qualche giorno». Il generale Infante, in una intervista alla France Presse, aveva a sua volta dichiarato che «senza voler abusare del termine frode» erano stati comunque commessi errori. «La ripetizione del referendum diventa in queste condizioni consigliabile.» Brosio, ministro della Guerra, era del parere che tra i consiglieri di Umberto si fossero formati due partiti, l'uno moderato «al quale a quanto mi consta apparteneva il Re», e un «gruppo di giovani turchi, composto in prevalenza di ufficiali estremisti, deciso ad approfittare della situazione giuridicamente incerta per un colpo di forza. Che questo secondo gruppo avesse degli addentellati anche all'interno dello Stato Maggiore non posso affermarlo. Ma quello che posso dire, perché è una mia esperienza diretta, è che in quei giorni, quando la mattina mi recavo al ministero, piombavo immediatamente in uno stato di isolamento assoluto: intorno a me si creava il vuoto».

Il Consiglio dei ministri sedeva, in pratica, ininterrottamente. Dall'una di notte in avanti ascoltò una ennesima «informativa» di De Gasperi, e un'altra ne ebbe a mezzogiorno dell'11 giugno, dopo che il Presidente del Consiglio aveva incontrato l'ammiraglio Stone e l'ambasciatore inglese, sir Noel Charles. Per entrambi la pronuncia della Cassazione non era sufficientemente chiara. Questo Stone l'aveva detto anche a Umberto, che se n'era sentito rafforzato nella volontà di non cedere. L'uno dopo l'altro venivano approntati documenti che ripetevano le stesse risapute cose in forme un po' diverse: ad esempio si abbinava la delega del Re al Presidente del Consiglio ad un riferimento al decreto del 16 marzo, così che il trapasso dei poteri fosse insieme *ope legis* e per volontà di Umberto.

Poiché il Quirinale scartava via via le opzioni governative, Orlando ne architettò una che per la sua semplicità venne battezzata «l'uovo di Colombo». Non facciamo nulla, suggeriva (in fondo con sensatezza) il vegliardo statista, lasciamo trascorrere nell'inazione i pochi giorni che mancano al responso definitivo della Cassazione (la nuova seduta era stata fissata per il 18 giugno), e poi agiremo in base a un verdetto inoppugnabile. Ma l'uovo di Colombo arrivava sulla tavola delle trattative quando gli animi erano troppo accesi. Pressato da Togliatti, da Nenni, dagli azionisti, De Gasperi obbiettò al Re (che accettava la soluzione Orlando) che il governo riteneva d'aver già ricevuto, per effetto dei risultati, i poteri. Umberto prospettò allora la possibilità di comportarsi autonomamente, nominando un luogotenente: se De Gasperi non voleva, quella carica poteva essere di Orlando o di Thaon di Revel.

Questo avveniva nel primo pomeriggio dell'11 giugno. Per le 16 fu stabilito un nuovo appuntamento al Quirinale, ma il Re – segno di straordinaria tensione, in un uomo così compito – ricevette De Gasperi, che spazientito aveva più volte minacciato di andarsene, con quasi un'ora e mezza di ritardo. Gli disse che s'era consultato con Orlando, ma che aveva bisogno di sentire altri giuristi. Chiedeva insomma di poter riflettere ancora. De Gasperi si fece a quel punto solenne: «Senta, le parlo come in Sacramento. A me non importa nulla, posso sparire domani stesso dalla scena politica. Ho due sole cose a cuore, che ho sempre difeso: l'unità morale e l'unità territoriale dell'Italia. Sono entrambe in pericolo. Non faccia un passo falso. Danneggerebbe oltre tutto la dinastia che sinora si è comportata in modo tale da potere in un eventuale domani aspirare a ritornare. Non rovini la sua reputazione».

Fermo nel rivolgersi al Re, De Gasperi cercava di calmare i più esagitati quando si ritrovava, al Viminale, tra i ministri. Alle nove di sera telefonò al Quirinale, ma Umberto era introvabile e i suoi aiutanti risposero che, stanco, aveva preso un bagno ed era uscito per cena. Senza lasciarsi vincere dall'irritazione, De Gasperi partecipò a una riunione serale del governo, e rimbeccò Scelba secondo il quale «Umberto II da ieri non è che un privato cittadino. Non è pertanto tollerabile che il nuovo Capo dello Stato (De Gasperi, *N.d.A.*) si rechi da lui». «Questo è vero in teoria – obbiettò De Gasperi – ma politicamente sarebbe un errore: questa è opinione non soltanto mia. Non mi pare giunto il momento di fare un passo (l'annuncio del passaggio dei poteri, *N.d.A.*) che può determinare la guerra civile.» E il Consiglio dei ministri soprassedette.

L'indomani, 12 giugno, la situazione precipitò, per ciò che accadeva a Roma e per ciò che accadeva lontano da Roma. Napoli, almeno la Napoli monarchica dei bassi, era in rivolta. Già si erano lamentati due morti in incidenti politici prima del 10 giugno; il 12 i morti furono 11, e si rischiò una carneficina. Sui muri della città erano apparse scritte «Viva Masaniello! Abbasso la Repubblica!», e un «Movimento di liberazione del Mezzogiorno» aveva fatto affiggere un manifesto farneticante: «Ci proponiamo, seppure col cuore straziato di fronte agli eventi che infrangono l'Unità d'Italia, di ridare alle nostre regioni del Mezzogiorno quella libertà e quell'indipendenza politica ed economica che già le resero tranquille e prospere». L'appello separatista era opera di pochi esaltati. Ma un sentimento di frustrazione, una gran voglia di *ammuina* serpeggiavano in città, e i giovani agenti di un battaglione allievi di Ps mandati da Roma, e visti come braccio armato del Nord prevaricatore, venivano coperti d'insulti, quando non attaccati. Non fu mai accertato che qualcuno avesse di proposito provocato i disordini. Non occorrevano istigazioni, in quell'atmosfera sovreccitata. All'una del pomeriggio, il 12 giugno, fu presa d'assalto la sede della Federazione comunista (s'era insediata, in via Medina, negli uffici della Federazione fascista). La rabbia della folla era divampata perché ad una finestra era esposto, insieme alla bandiera rossa (o sovietica, come si disse?) anche un tricolore con l'immagine d'una donna turrita, anziché lo scudo di Savoia, sul rettangolo bianco. In un tumulto proprio alla Masaniello furono rovesciate vetture tranviarie, erette barricate agli sbocchi di Piazza Municipio, e parecchi scalmanati, dopo aver preteso invano che le bandiere fossero ammainate, presero a scalare la facciata della sede comunista, i cui occupanti sbarravano porte e finestre. Intervennero carabinieri e polizia, anche con autoblindo, vi furono scontri e scaramucce che si prolungarono per ore, mentre veniva buttata benzina su improvvisate cataste, date poi alle fiamme. Si sparò, con pistole, fucili, mitra, furono anche lanciate bombe a mano. Tristissimo il bilancio: due carabinieri e nove giovani o addirittura ragazzi (tra essi una studentessa ventenne di Milano) uccisi, una settantina di feriti alcuni dei quali gravi. Giorgio Amendola, sottosegretario alla presidenza, presente casualmente a Napoli, era nella Federazione comunista; fu «fermato» nel trambusto, dalla Military Police alleata e subito rilasciato. I monarchici si erano scatenati, ma qualcuno, tra le forze dell'ordine, aveva perso la testa. Ricordò Romita: «Fra i provvedimenti che adottai ve ne fu uno veramente drastico: in una sola notte feci sostituire tutte le forze dell'ordine presenti a Napoli. In tal modo portai sul posto elementi nuovi, estranei all'ambiente, più liberi di agire con quell'imparzialità che il delicato momento imponeva».

Mentre Napoli si dava alle barricate, Falcone Lucifero consegnava a De Gasperi – ore 13 del 12 giugno – una grande busta bianca con una breve lettera del Re: così breve, secca e perentoria che Bracci la definì «regio viglietto». «Signor Presidente – scriveva Umberto – ritengo opportuno confermarle ancora una volta la mia decisa volontà di rispettare il responso del popolo italiano espresso dagli elettori votanti, quale risulterà dagli accertamenti e dal giudizio definitivo della Suprema Corte di Cassazione, chiamata per legge a consacrarlo.» Il Re assicurava quindi il suo massimo contributo alla «pacificazione degli spiriti» e alla «collaborazione». Ma due punti rimanevano fermi: la maggioranza andava calcolata sui votanti, non sui voti validi, e tutto restava impregiudicato fino al responso definitivo della Cassazione.

Turbato da una presa di posizione che lasciava ben poco margine, ormai, ai compromessi, De Gasperi attese fino alle nove di sera, tenendo in tasca la lettera, per indire un ennesimo Consiglio dei ministri. A conclusione di esso fu stilato un documento nel quale ogni parola era pesata. «Il Consiglio dei ministri riafferma che la proclamazione dei risultati del referendum... ha portato automaticamente all'instaurazione di un regime transitorio durante il quale... l'esercizio delle funzioni del Capo dello Stato spetta *ope legis* al Presidente del Consiglio in carica.» La rottura non voleva essere totale. Regime transitorio, non repubblicano, ed esercizio delle «funzioni», non dei poteri di Capo dello Stato. A un giornalista straniero che voleva veder chiaro in questa selva oscura giuridico-costituzionale, De Gasperi spiegò ch'egli si considerava ormai, «praticamente», il Capo dello Stato, ed esemplificò: «Se vi fosse necessità di emanare una legge urgente, non potrei che firmarla io». De Gasperi sperava probabilmente, con quella dizione calibrata, di tener buono il Re. Ma sperava troppo, e pretendeva troppo da Umberto. Rifiutatagli la delega, rifiutato l'uovo di Colombo, trasmesse al Presidente del Consiglio le funzioni di Capo dello Stato, l'esito del referendum era dato per acquisito *prima* della pronuncia definitiva della Cassazione. Non la Cassazione aveva deciso, ma il governo.

De Gasperi, avuto la mattina il «regio viglietto», aveva insistito con Falcone Lucifero che il Re lasciasse il Quirinale, trasferendosi magari a Castelporziano. Quella sera fatale Umberto uscì in effetti dalla reggia, e vi rientrò soltanto l'indomani. Con il generale Graziani raggiunse Villa Feltrinelli, che apparteneva alla moglie di Luigi Barzini *jr.* Insieme ai padroni di casa, era a cena il senatore Bergamini. Giannalisa Barzini Feltrinelli si era fratturata una gamba, il giorno precedente, in un incidente automobilistico, e accolse gli ospiti sdraiata a letto. Nella tarda serata Barzini lasciò gli altri per un impegno di lavoro, al *Tempo*. Là apprese della comunicazione governativa che sanciva la decadenza della Monarchia e telefonò alla moglie che informò immediatamente il Re. Questi, congedatosi dalla Barzini, trascorse la notte – l'ultima in terra italiana – nella casa di un altro conoscente, l'ingegner Corrado Lignana, in via Verona 3. Molti personaggi insigni della politica italiana disertarono del resto il loro domicilio e il loro letto, in una notte percorsa da sussurri di golpe. Togliatti chiese asilo all'ambasciatore sovietico, Scoccimarro a un amico monarchico. Da casa Lignana, Umberto si tenne in contatto con Falcone Lucifero, rimasto al Quirinale: e due volte lo ricevette in via Verona, la mattina del 13 giugno.

Nella notte i consiglieri del Re avevano formulato alcune ipotesi di comportamento, che gli sottoposero. La prima era quella dello scontro aperto. Umberto avrebbe dichiarato decaduto il governo per nominarne un altro presieduto da un alto funzionario, da un personaggio politico, o da Falcone Lucifero. «Il nuovo governo deve impadronirsi delle leve di comando, assicurare l'ordine pubblico, e procedere ad un'inchiesta sulla condotta delle votazioni. Se il referendum risultasse non valido, dovrebbe essere rifatto in un secondo tempo, quando le condizioni del Paese lo consentissero. Se il governo attuale facesse resistenza, i ministri verrebbero arrestati.» Era la possibilità, anzi la probabilità della guerra civile. Nella capitale questa riedizione del 25 luglio avrebbe avuto quasi certamente successo. Uno dei capi della Ps aveva confidato a Manlio Lupinacci: «In due ore potrei arrestare tutti i ministri. Posso garantire in modo sicuro lo svolgimento della operazione di polizia a Roma. Ma dopo?».

Seconda ipotesi era che il Re, ignorando il «colpo di Stato» con cui il governo l'aveva esautorato, si limitasse ad aspettare la riunione della Cassazione, il 18 giugno, attenendosi alla formula di Orlando. Il disagio e i problemi per lui sarebbero stati seri: ma per il governo sarebbero stati ancora più gravi.

Terza ipotesi (in qualche modo una subordinata della precedente) era che Umberto aspettasse, ma non passivamente: e con un proclama al Paese denunciasse «l'arbitrio e l'usurpazione del governo» (Artieri).

Quarta ipotesi (poi avveratasi). Partenza del Re, senza abdicazione e senza passaggio di poteri, proclama al Paese, come nella terza ipotesi, e rifiuto di considerare legittimamente e genuinamente risolta la questione istituzionale.

La decisione di Umberto, presa in casa Lignana, fu la meno traumatica che il viluppo degli avvenimenti ormai consentisse: e aderiva al temperamento di questo Savoia. Compreso della sua dignità, dotato di un forte senso del dovere, corretto e cortese, il Re era alieno da gesti di forza che potessero comportare lo spargimento di altro sangue tra italiani. Sempre, nella sua vita, il principio dell'obbedienza aveva fatto premio sugli slanci personali. Lo si era visto durante la fuga di Pescara, e nel tormentato periodo del Regno del Sud che aveva preceduto la Luogotenenza. Forse taluni suoi irrigidimenti durante l'estenuante negoziato con De Gasperi derivarono più dalle pressioni dell'*entourage* che dalla sua volontà. Quando tuttavia si arrivò al punto che rendeva impossibile una soluzione concordata, Umberto adottò la più distensiva.

Solo a metà della giornata ricomparve al Quirinale, per una breve estrema sosta. Passeggiando nei giardini elaborò con Falcone Lucifero il contenuto d'un proclama agli italiani che, abbozzato soltanto nelle grandi linee, fu completato dallo stesso Lucifero, dal senatore Bergamini e da altri. In un abito grigio alquanto stazzonato, un cappello a cencio, la barba lunga, Umberto salutò il personale del Quirinale, quindi passò in rivista – erano ormai le 15 – i corazzieri e la cosiddetta «piccola guardia d'onore» dei granatieri: il corpo cui egli stesso apparteneva. I corazzieri erano in uniforme blu al comando del colonnello duca Giovanni Riario Sforza, che consegnò al Re un piatto d'argento con incise le firme di tutti.

Cinque automobili – tra cui quella di Umberto con la drappella di Casa Savoia e la bandiera azzurra con i gradi di maresciallo ai lati del cofano – si avviarono verso Ciampino, dov'era in attesa un quadrimotore Savoia Marchetti 95 lì trasferito pochi momenti prima da Centocelle, ovviamente con autorizzazione degli Alleati cui spettava il controllo degli aeroporti. Le modalità della partenza erano state stabilite dal ministro dell'Aeronautica Mario Cevolotto – cui l'uso dell'aereo era stato chiesto alle 14 – e dal generale Adolfo Infante. Cevolotto, demolaburista, era schiettamente repubblicano: ma lo univano a Infante vincoli di parentela e una lunga amicizia. Cevolotto e il ministro della Marina ammiraglio Raffaele De Courten erano sulla pista, per controllare che tutto procedesse senza intoppi. Il Re non volle stringere loro la mano. L'aereo avrebbe fatto tappa a Madrid, e s'era pensato di imbarcarvi anche il nuovo ambasciatore d'Italia in Spagna, duca Gallarati Scotti. Ma i consiglieri della Corona rifiutarono, per la preoccupazione che il viaggio insieme a un diplomatico con le credenziali della Repubblica ne implicasse il riconoscimento: i bagagli dell'ambasciatore furono scaricati.

Alcune decine di fedeli erano attorno all'apparecchio quando il Re si affacciò al portello salutando, con un sorriso impeccabile, un po' forzato. Dalla torre del Quirinale un graduato aveva sorvegliato con il binocolo la zona dell'aeroporto, per togliere la bandiera con lo scudo sabaudo nel momento in cui il quadrimotore si levasse in volo. Nell'imminenza dell'addio all'Italia Umberto aveva fatto, a chi gli era stato vicino in quei frangenti, distribuzione di decorazioni e titoli nobiliari. Questi aristocratici dell'ultima ora furono comunemente chiamati «conti di Ciampino».

Verso le cinque del pomeriggio (13 giugno 1946) Guido Gonella si affacciò allo studio di De Gasperi e lo vide, lui che non fumava mai, quasi sdraiato nella poltrona dietro il suo tavolo di lavoro, con una sigaretta in bocca. Gonella ignorava che Umberto di Savoia aveva lasciato l'Italia un'ora prima, e il Presidente del Consiglio gli diede la notizia, aggiungendo: «Per me è una grande liberazione perché avevo una paura enorme che, o per la resistenza dei monarchici o per la fretta dei repubblicani, si sviluppasse un attrito che poteva assumere le caratteristiche di una guerra civile». De Gasperi mostrò a Gonella quattro o cinque fogli sui quali, con la sua larga scrittura, «aveva buttato giu l'abbozzo di un discorso di saluto che, se l'ex-Re lo avesse avvisato, avrebbe voluto rivolgergli a Ciampino... De Gasperi sapeva che la maggioranza repubblicana era stata esigua e che una fase di distensione era assolutamente indispensabile. Nonostante i suoi scontri con Lucifero, era quindi pronto a mantenere fermo il suo programma di un gesto finale di conciliazione nazionale. La partenza rapidissima e quasi segreta del re glielo aveva impedito». Tra le altre cose, De Gasperi voleva dire che il verdetto popolare andava rispettato, ma che proprio in quel momento si doveva rendere omaggio ai meriti che la Monarchia aveva avuto nella storia d'Italia.

Le ansie per il Capo del governo e dello Stato non erano però finite. Il pomeriggio e la sera gliene diedero altre. La prima fu la pubblicazione, su *Il Giornale della Sera*, monarchico, d'una informazione secondo la quale erano stati gli Alleati a volere la partenza del Re. Stone e l'ambasciatore inglese Charles smentirono immediatamente. La seconda, di maggior rilievo, fu il preannuncio d'un proclama d'addio di Umberto, trasmesso all'Ansa «dopo attenta revisione e discussione con i consiglieri in casa Bergamini, quando il Re era già in volo sul Mediterraneo» (l'ammissione è dell'Artieri). Si può sospettare che alcuni passaggi particolarmente polemici del messaggio fossero effettivamente dovuti alla penna dei consiglieri, non a quella di Umberto.

«Di fronte alla comunicazione di dati provvisori e parziali fatta dalla Corte suprema – recava il messaggio – di fronte alla sua riserva di pronunciare entro il 18 giugno il giudizio sui reclami e di far conoscere il numero dei votanti e dei voti nulli, di fronte alla questione sollevata e non risolta sul modo di calcolare la maggioranza, io ancor ieri ho ripetuto ch'era mio dovere di Re attendere che la Corte di Cassazione facesse conoscere se la forma istituzionale repubblicana avesse raggiunto la maggioranza voluta... Improvvisamente, questa notte, in spregio alle leggi e al potere indipendente e sovrano della magistratura, il Governo ha compiuto un gesto rivoluzionario, assumendo con atto unilaterale e arbitrario poteri che non gli spettano, e mi ha posto nell'alternativa di provocare spargimento di sangue o di subire la violenza.» Umberto, che spiegava di voler compiere questo sacrificio (la partenza) «nel supremo interesse della patria», ma di dover egualmente elevare la sua protesta contro il sopruso subìto, scioglieva tuttavia dal giuramento alla Corona, nella parte finale del proclama, gli appartenenti alle forze armate, e rivolgeva un saluto ai caduti e ai combattenti.

Solo dopo le nove di sera De Gasperi seppe del proclama, e diede ordine alla radio di comunicarne l'esistenza, senza riferirne il testo. Ma alle 23 *Il Giornale della Sera* lo stampò in una sua edizione straordinaria, vanificando la cautela governativa. Chiusosi nel suo studio, il Presidente del Consiglio preparò speditamente, insieme a Gonella, una precisazione-risposta, molto aspra. Il proclama era definito «documento penoso, impostato su basi false e su argomentazioni artificiose». «I due ultimi periodi del proclama – proseguiva la nota ufficiosa – quello che scioglie dal giuramento e quello che rivolge un saluto ai caduti ed ai vivi, sono due periodi superstiti del proclama che Umberto aveva in precedenza preparato per un pacifico commiato. Ameremmo credere che quanto di fazioso e di mendace vi si è aggiunto in questa definitiva sciagurata edizione, sia prodotto dal clima passionale e avvelenato degli ultimi giorni. La responsabilità tuttavia è gravissima e un periodo che non fu senza dignità si conclude con una pagina indegna. Il Governo e il buon senso degli italiani provvederanno a riparare a questo gesto disgregatore, rinsaldando la loro concordia per l'avvenire democratico della Patria.»

La controversia, istituzionale e giuridica, è sbiadita con il trascorrere dei decenni. Certo trionfalismo repubblicano dimentica la ristrettezza sorprendente del margine con cui – al di là di quell'elemento tecnico che era il *quorum* – la Repubblica si affermò. I voti che la Monarchia ebbe non erano tutti propriamente monarchici. Erano, in particolare al Nord, voti di moderati i quali ritenevano che dopo tanti sconvolgimenti la Monarchia rappresentasse tuttora un'àncora solida, un simbolo di continuità e di stabilità: e che, nell'infuriare di polemiche ideologiche e partitiche, di minacce e appetiti stranieri, la Monarchia potesse salvaguardare meglio, e più imparzialmente, gli interessi del Paese. Per contro la tesi del proclama di Umberto – a chiunque dovuta –, forse formalmente ineccepibile, secondo la quale Umberto abbandonava la scena italiana nella pienezza dei suoi poteri, non «debellato» come lo erano stati ad esempio i Borboni del Regno delle due Sicilie o la Casa reale di Francia, non ridotto a persona privata, ignora la realtà storica e politica. La Casa Savoia era stata debellata due volte, dagli anglo-americani e dai tedeschi. Il resto fu solo un codicillo crudele – soprattutto per l'incolpevole Re di maggio – di quella immensa, doppia tragedia d'una Dinastia e d'una Nazione. Si può supporre che Umberto e i suoi consiglieri mirassero a tenere schiusa l'eventualità di una rivincita monarchica a breve scadenza. Barzini *jr.* ha attribuito all'ex-Re, non appena fu a Lisbona, questa frase: «Le monarchie sono come i sogni. O si ricordano subito o non si ricordano più».

La *querelle* giuridica non era stata tuttavia troncata dalla partenza di Umberto. L'alimentavano l'imminenza del definitivo responso della Cassazione e le mormorazioni – fondate – secondo le quali lo stesso procuratore generale Pilotti si sarebbe schierato, nella valutazione del ricorso Selvaggi, per la tesi monarchica. Vi fu un proliferare di pareri autorevoli pro o contro il riferimento ai «votanti», e non ai voti validi, per stabilire la maggioranza. I grossi calibri del diritto spararono le loro bordate, Carnelutti, Manzini, Orlando, Scialoja (tra gli altri) per i votanti, Calamandrei, Jemolo, Crisafulli, Vassalli, Mortati per i voti validi. Da notare che Achille Battaglia, repubblicano convinto, fu tuttavia, come tecnico, del parere che se fosse mancata una maggioranza sicura rispetto ai votanti, il *match* sarebbe stato nullo, e si sarebbe imposta la ripetizione del referendum. Il 18 giugno, convocata ancora – con assai minore solennità – la Corte di Cassazione, Pilotti illustrò la sua requisitoria che concludeva per l'accoglimento del ricorso Selvaggi, quindi si votò: dodici giudici furono per il rigetto del ricorso, sette per il suo accoglimento. Tra questi ultimi il primo presidente Pagano.

L'atteggiamento di Pagano e di Pilotti può ingenerare, e in molti ha ingenerato, il sospetto che il dissenso tecnico nascondesse qualcosa di più grave: ossia la consapevolezza che il referendum non era stato genuino, e i suoi conteggi viziati. Pagano, sopravvissuto molti anni al pensionamento, chiarì invece i termini del problema, nel 1960, ad un giornalista amico, Oreste Mosca. E fu chiaro che il problema era e restava di interpretazione. La legge, ripeté Pagano, era stata fatta male, ed egli l'aveva segnalato tempestivamente a Togliatti, Guardasigilli, che s'era schermito rilevando che non era farina del suo sacco, e che era stata riveduta da Orlando. Il quale era una disgrazia, quando metteva mano in testi di rilevanza storica: lo si era visto con la famosa aggiunta «la guerra continua» al messaggio badogliano del 25 luglio 1943, lo si rivide per la legge sul referendum. Non vi furono brogli, precisò Pagano. E quanto al ricorso Selvaggi disse: «Tra i sette voti favorevoli al ricorso ci fu il mio. Ma il suo accoglimento non avrebbe mai potuto spostare la maggioranza a favore della monarchia, poteva soltanto diminuire sensibilmente la differenza tra il numero dei voti a favore della monarchia e quello dei voti a favore della repubblica».

CAPITOLO TERZO

I PRIMI PASSI

L'importanza e la passionalità del referendum avevano messo in ombra la contemporanea elezione della Costituente, specchio assai più sfaccettato degli orientamenti politici italiani. La Democrazia cristiana ottenne 8.080.000 voti, il 35,2 per cento del totale, contro i 4.758.000 voti dei socialisti (20,7 per cento) e i 4.360.000 voti (19 per cento) dei comunisti.

Solo di poco dunque i due partiti di sinistra, uniti dal patto di unità d'azione, risultavano insieme più forti della Dc, che confermava il suo diritto ad assumere la guida del governo. Era per di più arbitrario sommare i voti della sinistra, come se si trattasse d'un blocco omogeneo: lo era in particolare perché il Partito socialista, uscito bene dalla sentenza elettorale era minato dalle faide intestine. Sotto un unico simbolo convivevano – come era del resto nella tradizione – due anime socialiste, quella massimalista – e quindi filocomunista o, come si diceva allora, fusionista – che aveva il suo uomo rappresentativo in Nenni, e quella riformista, autonomista, che aveva trovato un *leader* in Saragat.

Gli autonomisti s'erano sentiti incoraggiati da un successo che – contrapposto al mediocre risultato comunista – suggeriva che Psiup e Pci andassero ciascuno per la sua strada, raccogliendo suffragi in settori sociali diversi. Con le sue maggioranze nelle metropoli industriali (Milano e Torino), dove aveva distanziato sia la Dc sia i comunisti, il Psi ambiva ad essere il partito dell'avvenire, di una Italia moderna, industrializzata, efficiente. Purtroppo questo progetto si rivestiva, nell'ala massimalista, dei colori d'un populismo arcaico, pasticcione, fazioso, e attratto dalle esperienze del «socialismo reale» cioè dei regimi comunisti. Il partito si ubriacava di parole anche quando voleva passare al concreto, e un piano di Morandi per il risanamento della situazione economica («è necessario ottenere una riduzione del costo della vita... elevare senza emissione di nuova moneta il potere di acquisto dei salari e degli stipendi... effettuare nello stesso tempo l'assorbimento su vasta scala della mano d'opera eccedente o disoccupata... diminuire i costi di produzione ai fini di accrescere l'esportazione» e così via) era aria fritta, e della più ovvia.

Il Partito comunista era stato sconfitto alle urne, e una risoluzione della direzione lo ammetteva senza mezzi termini: «Ci proponevamo di ottenere tra il nostro partito e il partito socialista una somma di voti che ci permettesse di contare la metà dei deputati della Costituente. Questo obbiettivo non è stato raggiunto. Ci proponevamo inoltre di affermarci come il partito più forte della classe operaia e come il secondo partito del paese. Anche questo obbiettivo non è stato raggiunto». La delusione (in taluni la costernazione) fu grande, al vertice e ancor più alla base. I militanti che vivevano di riunioni, dimostrazioni e cortei, e che vi vedevano il Pci dominare incontrastato, che ignoravano come entità irrilevante quella che fu poi definita «maggioranza silenziosa», scoprirono d'un tratto che la realtà era ben altra e che il loro partito, egemone nella Resistenza, era fortemente minoritario nel Paese.

Al quarto posto si collocò, con un milione e mezzo di voti (meno del sette per cento), l'Unione democratica nazionale: ossia la formazione capeggiata dai «quattro vecchi» (Croce, Bonomi, Nitti e Orlando) nella quale erano confluiti, per l'occasione elettorale, il Pli e i demolaburisti. Fu un risultato modesto, in particolare ove si pensi che i liberali si erano pronunciati nel loro congresso per la Monarchia (pur lasciando libertà di scelta agli elettori). La loro immagine, storicamente gloriosa, era sembrata all'elettorato troppo vecchia (proprio per quei quattro capofila), troppo debole, troppo compromissoria. Avvenne così che gran parte del voto schiettamente moderato e tiepidamente monarchico si riversasse sulla Dc, che era stata repubblicana nel suo congresso, ma agnostica nel comportamento di molti suoi esponenti: e che il voto monarchico ruggente si orientasse in buona misura verso il Movimento dell'Uomo Qualunque, al quale andarono infatti un milione 211 mila voti, e trenta seggi.

L'*Uomo Qualunque* fu dapprima la testata di un giornale nato sotto il segno della protesta. L'aveva fondato Guglielmo Giannini che, da buon teatrante, autore di commedie senza troppe pretese, ma di grande mestiere, aveva vivissimo il senso del pubblico e sapeva coglierne a volo gli umori. Questi umori erano soprattutto dei malumori provocati, specialmente nel Sud, non soltanto dalle frustrazioni e dai disagi della sconfitta, quanto dalla diversa temperie in cui erano immersi i due tronconi del Paese. Occupato subito dagli Alleati, il Sud non aveva avuto la Resistenza, e quindi non ne condivideva le passioni. Subiva il vento del Nord come un sopruso, che gli risvegliava nel sangue nostalgie borboniche, e rifiutava tutto ciò che puzzasse di CLN.

Giannini intuì questo stato d'animo, e lo interpretò alla perfezione, soprattutto in due rubriche del suo giornale, le «vespe» e le «parolacce». Sebbene di madre inglese, era un napoletano verace, alla Scarfoglio, portava il monocolo, la sua eleganza era un po' da guappo, e se nei rapporti umani non mancava di finezze, nel suo linguaggio di giornalista sapeva adeguarsi a quello del loggione e della taverna. Ma fu proprio questa voluta rozzezza a renderlo efficace. Senza rifuggire dal turpiloquio, ostentato anzi come antitesi della nuova oratoria e pubblicistica, egli prese a smontarne i miti, l'enfasi resistenzialista e il virtuismo democratico. Ebbe il compito facilitato dai suoi avversari, specialmente da quelli di sinistra, che con le loro pretese di palingenesi e le loro smanie epuratrici stavano provocando nel Paese una crisi di rigetto. In pochi mesi l'*Uomo Qualunque* raggiunse quasi il milione di copie. E probabilmente fu proprio questo successo la sua disgrazia. Giannini se ne sentì indotto a creare addirittura un partito. Chi scrive può testimoniare ch'egli non aveva in realtà né vocazione né ambizione politica. Tant'è vero che, fondato il partito, egli l'offrì a Nitti («Ve lo volete accolla' – gli disse – 'sto pupazzo?»), che rifiutò. Il vecchio statista lucano sapeva benissimo che il qualunquismo non era affatto, come dicevano i suoi denigratori – che erano tutti – una riedizione del fascismo. Giannini non era mai stato fascista, aveva perso l'unico figlio nella guerra voluta dal fascismo, era l'interprete di una certa «maggioranza silenziosa» (ma non tanto) che anche sotto e contro il fascismo aveva protestato. Ma Nitti sapeva anche che un partito (ma Giannini lo chiamava «Movimento») senza radici nella storia né ancoraggio ideologico, basato soltanto sulla protesta, non poteva avere un domani. E così fu. Ma ciò non toglie che nel '46 avesse un presente. Glielo assicuravano gli altri partiti coi loro errori, e soprattutto con la loro pretesa di riscrivere la storia d'Italia a loro immagine e somiglianza e presentando il ventennio mussoliniano come un lungo golpe perpetrato da un manipolo di criminali contro il popolo.

Alla politica, che voleva impadronirsi di tutto – ed erano i primi segni di quella partitocrazia che tuttora avvelena l'Italia – Giannini oppose una vaga alternativa di «Stato amministrativo», non politico o almeno non politicante, che soddisfaceva soprattutto una piccola borghesia impiegatizia meridionale, allergica a una demonizzazione del fascismo in cui si sentiva coinvolta. Era una reazione di pelle, povera d'idee, su cui non si poteva costruire nulla di duraturo. Ma ciò non toglie che Giannini un servigio lo rese: sgonfiò, ridicolizzandoli, molti miti, smascherò molte bugie. Ci sono voluti decenni perché alcune delle verità sbandierate da Giannini, come ad esempio il fatto che il fascismo aveva goduto un imponente consenso popolare, venissero riconosciute e, sia pure a denti stretti, accettate.

La stella di Giannini declinò con la stessa rapidità con cui si era accesa. Il qualunquismo era stato un fenomeno spontaneo, reazionario nel senso etimologico della parola. E si esaurì quando la sua funzione divenne superflua, cioè quasi subito. Giannini morì povero e solo: nemmeno il giorno del funerale gli furono risparmiati scherni e beffe. Solo il «riflusso» gli ha reso, trent'anni dopo, un po' di giustizia.

All'ascesa qualunquista corrispose l'anemizzazione del Blocco della Libertà, monarchico schietto, che dovette accontentarsi di 600 mila voti. Sul versante di sinistra si assistette alla virtuale sparizione del Partito d'azione che, pur alleato a un partito sardista, racimolò meno di mezzo milione di voti, al di sotto del due per cento. Il Partito d'azione era stato distrutto dal suo carattere arrogantemente elitario, dall'indifferenza agli umori del popolo (di cui non mancava occasione per proclamarsi apostolo), dalle lotte intestine. In realtà era già finito con il congresso di febbraio, e con la secessione di Parri e La Malfa che fondarono un Movimento democratico repubblicano al quale ebbero l'imprudenza di pronosticare buone fortune elettorali. Crollò invece il Partito d'azione, e non decollò il Movimento democratico repubblicano che, presi due soli seggi alla Costituente, defunse presto anch'esso. Meglio andarono le cose per il Partito repubblicano storico che – in odio alla Monarchia – non aveva avuto alcuna «contaminazione» governativa, e che raccolse un milione di voti (4,4 per cento).

Così, dei 556 Costituenti, ci furono 207 democristiani, 115 socialisti, 104 comunisti, 41 dell'Unione democratica nazionale, 30 qualunquisti, 23 repubblicani, poi liste minori. Loro compito non era di legiferare – le sinistre l'avrebbero voluto, scontrandosi con la recisa opposizione democristiana e liberale – ma di elaborare la nuova Costituzione. Inoltre la Costituente diede maggioranze parlamentari al governo, e dibatté i problemi del momento: ed erano di eccezionale gravità, in politica interna e in politica internazionale.

Tre erano le scadenze immediate che si ponevano ai partiti maggiori, e ai loro capi: l'elezione del presidente della Costituente, la nomina del Capo dello Stato – provvisorio, in attesa che la Repubblica avesse il suo primo Presidente designato con tutte le formalità volute dalla Costituzione ancora *in fieri* – e la formazione di un altro governo, essendo previsto dalla legge sul referendum che quello in carica desse le dimissioni.

De Gasperi e Nenni avevano concordato che a presiedere la Costituente fosse chiamato un socialista. Ma Nenni – benché forse tentato – rifiutò la carica che molti gli offrivano. «E troppo neutra per me. Essa mi collocherebbe al di sopra dei partiti, mentre io sono nella mischia e non intendo allontanarmene.» Avrebbe visto volentieri su quella poltrona Romita, che «meritava dal partito una manifestazione di cordiale solidarietà e amicizia». La vicenda ebbe invece tutt'altro epilogo, e Nenni stesso la raccontò in questi termini nei suoi taccuini: «La questione della presidenza della Costituente si è conclusa questa sera con un inaspettato colpo di scena. Il mio rifiuto non è servito a Romita, ma a Saragat. E questo non per una manovra di Saragat, ma per un eccesso di furberia da parte dei miei amici. Questi si erano messi in testa che De Gasperi da un lato e Saragat dall'altro mi spingessero alla presidenza per immobilizzarmi in una cornice dorata. E hanno fatto il ragionamento infantile del rovesciamento del gioco. Non hanno pensato che il prestigio personale di Saragat uscirà rafforzato dalle sue nuove funzioni. Infatti egli che era perplesso dopo l'elezione, mi ha telefonato più tardi che capiva la manovra, ma ne prendeva l'utile, sicuro di sventarne l'insidia». Stilettate tra compagni di partito, preludio a ben altro.

Se la presidenza della Costituente era, nella sostanza, una questione interna dei socialisti, il nome del Capo dello Stato poteva uscire solo da una trattativa interpartitica. Poiché De Gasperi non era disposto a farsi promuovere (e rimuovere dal governo) la lista dei nomi possibili si restringeva alle figure insigni del prefascismo, recuperate dal postfascismo. Attento ai dosaggi, preoccupato di rassicurare la mezza Italia monarchica, De Gasperi aveva in mente un *identikit* ben definito del primo Capo dello Stato repubblicano. Doveva essere filomonarchico, e doveva essere meridionale. Perciò non erano proponibili né il piemontese Einaudi né il lombardo Bonomi. Benedetto Croce sembrava rispondere ai requisiti richiesti. E i socialisti, lanciandone la candidatura, erano convinti d'andare sul sicuro. L'idea fu attribuita a Nenni che in verità se ne fece paladino, ma senza entusiasmo. «Alla direzione – raccontò lui stesso – è sbucata fuori d'improvviso la questione della nostra adesione a una eventuale candidatura Croce... La proposta iniziale è di Cacciatore. L'hanno ripresa Silone, inquadrandola nel più vasto piano del laicismo, e Saragat per esigenza di equilibrio interno. Io trovo l'iniziativa avventata, ma dopotutto non mi spiace di dare una punzecchiatura ai democristiani.» E Nenni in persona firmò sull'*Avanti!* del 23 giugno (mancavano due giorni all'apertura della Costituente) un articolo in favore di Croce Capo dello Stato.

Il filosofo si mostrava riluttante a impegnarsi totalmente nell'attività politica. Ma al di là di queste remore personali, esisteva un veto democristiano, morbidamente ma ostinatamente motivato. Croce, obbiettava la Dc, era presidente del Pli, quindi legato specificamente a un partito, non *super partes* come il suo delicato ruolo imponeva. Il pretesto era buono, ma rimaneva un pretesto. Altri erano, agli occhi della Dc, gli *handicaps* di Croce: la scarsa malleabilità, e il laicismo intransigente. Sua era stata la opposizione alla richiesta democristiana d'avere il Ministero della Pubblica istruzione, quando s'era formato il Ministero Parri. De Gasperi aveva ceduto, ma non dimenticato. E il povero Nenni, bocciatogli Romita in casa, si vide bocciare Croce fuori casa. Croce declinò, con una lettera a Nenni, l'offerta socialista. Ma rinunciava a ciò che non era più, comunque, alla sua portata.

Chi allora? De Gasperi sosteneva Orlando, ma era pronto ad accettare un altro nome idoneo. E il nome fu quello di Enrico De Nicola, che era napoletano, era stato consigliere della Corona (suo l'espediente della Luogotenenza per Umberto) e, infine, come sperimentato parlamentare e come giurista insigne, avrebbe saputo meglio di chiunque altro ideare un protocollo e una procedura tutte da inventare per una carica «anomala».

Ma se la carica era anomala, ancor più lo era l'uomo designato a ricoprirla. Grande avvocato napoletano, si era affermato non con l'eloquenza focosa e alluvionale che caratterizzava la scuola forense meridionale, ma col suo ferrato puntiglio giuridico, e soprattutto procedurale. In un ambiente non sempre cristallino, ammorbato dalla spregiudicatezza, dalla venalità e anche da compromissioni camorristiche, aveva portato un suo personale, severissimo costume. Non incassava i vaglia dei clienti se non dopo aver deciso di occuparsi del loro caso, e non prendeva un soldo se, esaminato semplicemente il fascicolo, decideva per il no. Scapolo, ritroso, solitario, suscettibilissimo, perse quasi tutto il patrimonio accumulato in una lunga e fortunata vita professionale perché, da patriota imprevidente, aveva avuto fiducia nei titoli di Stato. Allo scoppio della guerra investì in buoni del tesoro, all'interesse del 3,50 per cento, dieci milioni (di allora, ovviamente), che furono polverizzati dall'inflazione. La sua eleganza accurata e antiquata, la sua rettitudine, il suo stile, l'avevano reso popolare in una città che vedeva in lui ciò che avrebbe voluto essere, e che non era.

Sulla scia dei brillanti successi forensi, De Nicola era approdato alla politica, ed era stato eletto deputato di Afragola sconfiggendo il candidato giolittiano. Il che non gli impedì di essere fatto dallo stesso Giolitti sottosegretario alle Colonie, nel 1913. Era allora trentaseienne. Praticò la vita pubblica con gli stessi scrupoli di correttezza esasperata cui s'era ispirata la sua vita professionale. «Aveva l'abitudine – riferì Bartoli nel suo *Da Vittorio Emanuele a Gronchi* – di scrivere la corrispondenza privata su carta senza intestazione, e di fare affrancare le lettere a proprie spese.» Gli fossero piaciuti il potere, e il governo, De Nicola sarebbe diventato senza difficoltà ministro, Presidente del Consiglio. Manifestò prestissimo, invece, la sua vocazione al rifiuto. L'assunzione di una carica pubblica era preceduta sistematicamente da una fase durante la quale De Nicola si faceva pregare, e accettava, se accettava, di malavoglia. Altrettanto sistematicamente sopravveniva una seconda fase durante la quale De Nicola si dimetteva, e veniva indotto a recedere dalla sua decisione – quando recedeva – con insistenze non minori di quelle che erano state necessarie per indurlo ad accettare. Gli estenuanti negoziati si svolgevano sovente a lunga distanza, perché De Nicola, alla minima contrarietà, si rifugiava nella sua villa di Torre del Greco, e di là era difficilissimo stanarlo. Questo cerimoniale contrassegnò il *cursus honorum* di De

Nicola che era Presidente della Camera quando il fascismo si impadronì del potere.

Occupava la sua poltrona a Montecitorio il giorno che Mussolini – nel novembre del 1922 – minacciò di fare dell'aula «sorda e grigia» un bivacco di manipoli: e non redarguì l'oratore. Anzi richiamò al silenzio il deputato socialista Modigliani che aveva gridato «Viva il Parlamento». Una dimostrazione di pavidità che a De Nicola fu sempre rinfacciata. Durante il ventennio De Nicola, rassegnato ogni incarico, si appartò dignitosamente, sospendendo la serie delle offerte, dei rifiuti, delle rinunce alle rinunce. Accettò tuttavia nel 1929, la nomina a senatore che Mussolini – il cui consenso era indispensabile – forse non propose, ma che certo non avversò.

Proprio perché così riluttante ad occupare poltrone, in un Paese dove per conquistarle i politici si scannavano, De Nicola finiva per essere subissato di proposte. Gliele facevano sapendo che le declinava, e che, se diceva sì, si trattava pur sempre di un sì provvisorio e fragile, che non sbarrava definitivamente la strada agli altri concorrenti. Ma i suoi no erano dosati, c'erano quelli definitivi e irrevocabili, c'erano quelli tenaci, e c'erano quelli che preludevano all'assenso, purché estorto. Nelle elezioni per la Costituente non aveva voluto candidarsi. Era un no vero. Gli avevano fatto visita, per indurlo a entrare nella Unione democratica nazionale, Benedetto Croce e Porzio. «L'ho fatto io che non sono un uomo politico – aveva detto Croce – a maggior ragione dovete farlo voi che vi siete occupato di politica per tanti anni.» Dopo di lui Porzio era ricorso alla mozione degli affetti: «Mi sono sognato mamma tua» aveva detto a De Nicola, la cui risposta era stata fulminea: «Anch'io l'ho sognata: mi ha detto di non presentarmi candidato». Avendo a che fare con un personaggio di questa fatta, la Costituente deliberò la sua nomina a Capo provvisorio dello Stato senza chiedergli se era d'accordo. Il 27 giugno – mentre già sul suo nome convergevano tutti – ribadiva di non volerne sapere, e quando Saragat, nell'imminenza del voto, lo chiamò per vincerne la ritrosia, staccò il telefono. Solo a elezione avvenuta pronunciò il sospirato sì, e molti sospettarono che il precedente irremovibile no alla candidatura in una lista di partito mirasse proprio a lasciarlo libero per la successiva ben più alta designazione.

Capo dello Stato per ventidue mesi – cessò di essere provvisorio e assunse la qualifica di Presidente della Repubblica solo il primo gennaio 1948, con l'entrata in vigore della Costituzione – De Nicola rifiutò il fasto del Quirinale, e preferì il Palazzo Giustiniani, noto come sede di una delle Massonerie italiane, che è accanto a Palazzo Madama. Pazientemente, ingegnosamente, da procedurista raffinato, elaborò il protocollo sul quale la Repubblica avrebbe poi largamente campato di rendita, senza tuttavia perseverare nello stile sobrio e sparagnino di questo suo primo Presidente. Era schivo, ma con impennate di puntiglioso orgoglio se appena avvertiva un'ombra di irrispettosità. Fu un Capo dello Stato senza corazzieri, e senza *first lady*.

Con De Gasperi e i ministri era cordiale, cauto, buttando là qualche avvertimento politico, ma più sovente insistendo perché alcuni atti solenni non avvenissero di venerdì, giorno infausto. Il suo soggiorno a Palazzo Giustiniani fu punteggiato di scatti umorali, e da qualche sdegnoso ma temporaneo ritiro a Torre del Greco. Su alcuni «incidenti» più gravi con il governo, e sulle vicende della sua mancata ricandidatura ed elezione, ritorneremo. Da Palazzo Giustiniani uscì in collera, così come in collera lasciò negli anni successivi la Presidenza del Senato e quella della Corte Costituzionale. Risolse brillantemente nella sua esistenza, infinite volte, gli altrui dilemmi umani, o giuridici, o politici, ma non risolse mai il suo proprio dilemma: che era quello d'un amore-odio per il potere, per le dignità, per gli onori. Questa incertezza lo rendeva, lui così amabile, litigioso e anche offensivo. Sembrava scaricasse sugli altri l'insoddisfazione per quel suo piacere morboso di volere gli inviti, infuriandosi se non gli erano rivolti, per poi sdegnarli.

Le trattative per il secondo governo De Gasperi, cui De Nicola aveva dato l'avvio il primo luglio, si trascinarono per dodici giorni, con gran dispetto di Nenni che accusava De Gasperi di averle condotte troppo lentamente: un «errore di metodo», diceva, che «ha rischiato di buttarci in una crisi senza fine». Non immaginava, Nenni, quali altre lungaggini negoziali aspettavano la neonata Repubblica. De Nicola aveva seguito, per le consultazioni, una regola molto nobile e molto perditempo, dopo d'allora sempre rispettata, che impone di sollecitare i pareri di personaggi insigni ma del tutto inutili allo scopo per il quale sono convocati.

A sua volta De Gasperi si muoveva con la tenacia del montanaro e la cautela dell'uomo di curia, risoluto comunque a trarre tutto il possibile utile dalla vittoria elettorale. Cinque furono le novità di rilievo nel nuovo Ministero: la designazione di Nenni agli Esteri (e la perdita degli Interni per i socialisti); la rinuncia di Togliatti; l'ingresso dei repubblicani; l'uscita dei liberali; l'assegnazione del Ministero della Pubblica istruzione a un democristiano, Guido Gonella.

Delle quattro, l'ultima era senza dubbio la più interessante. La scelta di un esponente dei partiti laici per il Dicastero che governa la scuola era stata uno dei punti fermi delle precedenti trattative. Lo stesso De Nicola s'era detto favorevole al mantenimento di questo principio. Ma De Gasperi, consapevole della sua forza, proprio su questa preclusione, e sulla sua inaccettabilità, s'era impuntato.

Quando i socialisti Ivan Matteo Lombardo e Ludovico D'Aragona gli avevano comunicato che la direzione del loro partito voleva un laico a quel posto, la replica di De Gasperi era stata ironica, quasi provocatoria: «Non ho mai pensato di proporre per l'incarico un sacerdote». I due precisarono che per laico intendevano un non democristiano, e De Gasperi li incalzò domandando se alla Pubblica istruzione potesse andare un ebreo, un ateo, un qualsiasi anticristiano, ma non un cattolico. D'Aragona, che era un gran brav'uomo, ma non all'altezza del suo interlocutore, ammise che, sì, le cose stavano proprio a quel modo. E De Gasperi un po' teatralmente si alzò, fece cenno alla delegazione democristiana che lo affiancava di fare altrettanto, e dichiarò che considerava il negoziato interrotto. Ci volle una mediazione di Togliatti per riannodarne le fila. E all'Istruzione andò Gonella, uomo colto e democratico cristallino, ma anche integralista convinto.

Poiché gli Interni se li era tenuti De Gasperi, Nenni ebbe dunque gli Esteri. Ma fu convenuto che, essendo in pieno sviluppo la discussione parigina sul trattato di pace con l'Italia, e avendovi De Gasperi partecipato fino a quel momento, l'insediamento di Nenni sarebbe stato rinviato. Avvenne infatti il 18 ottobre. Nel frattempo, Nenni ebbe l'*interim* di De Gasperi alla Presidenza, durante le sue assenze. Era evidente a ogni persona di buon senso, e sicuramente De Gasperi lo era, che Nenni non aveva le qualità d'un buon ministro degli Esteri. Dotato di intuito politico e di carisma demagogico, non aveva nulla dell'uomo di Stato, anzi ne era la negazione: gli mancavano specialmente quelle conoscenze ed esperienze internazionali – al di fuori dell'ambito socialista – che la politica estera richiede. Per di più il suo temperamento – che qualcuno ha definito «femmineo» – lo rendeva molto sensibile alla forza, fosse quella di Togliatti o fosse quella dell'Unione Sovietica. Per Nenni De Gasperi aveva umana simpatia e amicizia. Ma agli Esteri lo mandò per calcolo freddo, se non cinico.

Togliatti si defilò – la poltrona di Guardasigilli fu occupata dal suo compagno Fausto Gullo – per motivi che possiamo soltanto ipotizzare. Probabilmente l'esperienza di Guardasigilli lo aveva deluso. Aveva scontentato i «duri» del suo partito, e non era riuscito a catturare gli amanti della legge e dell'ordine. L'amnistia, formulata con imprecisione e applicata dalla magistratura con eccezionale latitudine, aveva azzerato le pendenze penali di molti ex-fascisti; o di ex-partigiani che, finita la guerra civile, l'avevano continuata per loro conto e tornaconto, ammazzando e rubando. Era stato passato un colpo di spugna su crimini che l'esasperazione delle passioni non bastava a giustificare. Di fronte a talune sentenze l'opinione pubblica di sinistra rimproverava a Togliatti – e dal suo punto di vista non aveva torto – la dizione che escludeva dall'amnistia solo gli autori di «sevizie particolarmente efferate», e che mandò liberi parecchi biechi figuri di Salò. Così come andarono liberi parecchi «giustizieri» che si fregiavano della qualifica di partigiani. In compenso Togliatti aveva ottenuto per la Resistenza riconoscimenti formali – come l'aggiunta del suo vilipendio alle altre ipotesi di questo reato già esistenti – che contribuivano a renderla impopolare, anziché a tutelarla. Ma vi doveva essere nel ritorno di Togliatti al partito, a tempo pieno, anche un disegno politico. È la diagnosi di Vittorio Foa: «I comunisti, dato che le circostanze non consentivano loro un controllo sul potere statale pari a quello democristiano, preferivano riservarsi il massimo di libertà d'azione, ossia di opposizione se non diretta almeno indiretta, attraverso l'azione di massa e le organizzazioni sindacali».

V'erano altre spiegazioni più terra terra. «Si dice – annotava Nenni nel suo diario – che Togliatti non è entrato nel governo perché voleva esserne l'unico vicepresidente.

Lo racconta il pettegolino della Democrazia cristiana, Andreotti. È una sciocchezza da respingere e non è a misura dell'uomo. Più logico pensare a una decisione ben più importante, cioè al progressivo disimpegno dei comunisti dal nuovo corso politico. Verosimile invece che Pacciardi, il quale stamattina si è fatto sostituire al governo da Macrelli, sia uscito dal Ministero solo perché De Gasperi non ha potuto offrirgli la vicepresidenza. Si dicono molte altre cose, e che cioè De Gasperi non è stato per poco sbranato dai suoi che volevano portafogli e portafogli. Egli stesso mi ha raccontato di avere invano cercato di indurre Gonella a restarsene al *Popolo*.»

Mentre i repubblicani entravano nel governo ne uscivano i liberali. La loro defezione era in rapporto diretto con i risultati elettorali non incoraggianti della Unione cui avevano aderito. Il partito sperava di tonificarsi con un periodo di opposizione, anche se la linea di De Gasperi spuntava molti dei suoi argomenti polemici. Il *leader* democristiano non voleva tuttavia privarsi della collaborazione di Corbino che era, agli occhi del mondo imprenditoriale, qualcosa di più d'un valente economista: era la garanzia d'una gestione economica refrattaria alle utopie dirigiste e alle velleità programmatrici della sinistra: la quale sinistra accoppiava in questo campo le ambizioni di un profondo cambiamento ad una sconcertante superficialità e ignoranza tecnica. Corbino ministro del Tesoro era un contrappeso rassicurante a Scoccimarro ministro delle Finanze. Per rimanere nel governo Corbino ricorse all'espediente di dimettersi dal Pli pur continuando a capeggiarne il gruppo parlamentare alla Costituente. Nel governo Corbino ci stette tuttavia per poco: il 2 settembre se ne andò sbattendo la porta perché si sentiva «politicamente isolato», e perché i comunisti lo prendevano quotidianamente a bersaglio. Lo sostituì Giovan Battista Bertone, che era stato ministro delle Finanze con Facta, il Presidente del «nutro fiducia».

Probabilmente Corbino avvertiva che, oltre a De Gasperi, ben pochi politici – anche in casa democristiana – concordavano con la sua «filosofia» liberistica, e con il suo rigore anti-inflazionista, che pure avevano dato frutti indubbi. Le razioni alimentari erano state migliorate, 250 grammi al giorno il pane, tre chilogrammi al mese *pro capite* i generi da minestra; la lira recuperava valore rispetto alle valute «forti» (dall'inizio del '46 al maggio il franco svizzero era sceso da 120 a 90 lire, e il dollaro da 350 a 280); la produzione industriale era in ripresa così come le esportazioni, quadruplicate tra l'aprile e il settembre di quello stesso anno. Anche la implacabile erosione del potere d'acquisto di salari e stipendi era stata bloccata.

All'atto della formazionc del secondo governo De Gasperi fu deliberato di dare ai lavoratori un «premio straordinario della Repubblica»: tremila lire a chi, guadagnando meno di 30 mila lire mensili, avesse carico di famiglia, 1.500 a chi non l'avesse. L'elargizione, criticata da molti per il suo carattere demagogico, costò 30 miliardi: e fu, com'è regola, presto vanificata da aumenti dei prezzi. Ma è difficile credere a Riccardo Lombardi, il quale sosteneva che con quei trenta miliardi, se prelevati dallo Stato sotto forma di imposizione straordinaria, «si sarebbe potuto occupare per sei mesi un quarto dei nostri disoccupati; avremmo potuto raddoppiare il programma delle ricostruzioni ferroviarie; avremmo potuto fare opere immense in Calabria e in Sardegna; si sarebbero potuti costruire 100-150 mila vani di abitazione per la povera gente». I calcoli di Lombardi, lo si vide anni più tardi con la nazionalizzazione dell'energia elettrica, tornavano solo quando non potevano essere verificati.

Il risanamento che Corbino – e con lui De Gasperi –

perseguivano, era una restaurazione, e delle restaurazioni aveva i pregi e i difetti. I «padroni» furono reimmessi gradualmente nelle industrie da cui l'epurazione disordinata li aveva cacciati: vi furono riammessi anche perché i «commissari» politici incaricati di gestirle, di solito incapaci e comunque condizionati, avevano dato prova disastrosa. Alla Fiat aveva ripreso il timone Vittorio Valletta, rientrato dalla Svizzera dove s'era messo al riparo insieme ad altri grossi esponenti del mondo imprenditoriale (Marinotti, Cini, Donegani). In cambio Valletta concesse che alla Fiat fosse istituito uno di quei Consigli di gestione che, nella concezione dei CLN, avrebbero dovuto esercitare la loro sorveglianza affinché gli «interessi particolaristici e speculativi non prevalessero sul bene dell'intera comunità». Ma l'innovazione ebbe vita breve, e scarso peso.

Vanno messi nel conto della ripresa gli aiuti alleati (e in prevalenza americani): entro la fine del '46 l'Italia ricevette 507 milioni di dollari in soccorsi di emergenza, 520 milioni di dollari in assistenza anch'essa gratuita tramite l'UNRRA (l'Agenzia delle Nazioni Unite per la ricostruzione dei Paesi colpiti dalla guerra), 134 milioni di dollari in aiuti diretti del governo di Washington e 250 milioni di dollari per il mantenimento delle Forze armate anglo-americane. La spesa per questa voce era stata, ha osservato il Gambino, tre o quattro volte superiore: ma non è accaduto sovente nella storia che i vincitori risarcissero sia pure in parte i vinti per le spese dell'occupazione.

Il liberismo – almeno un liberismo economico di fondo – era una ricetta che in definitiva funzionò: solo che Corbino, da tecnico, intendeva somministrarlo al Paese con una coerenza rigida che le proteste, i moti di piazza, le agitazioni sindacali spesso legittimate da autentico grave disagio – infine le superstiti attese rivoluzionarie che covavano in seno al Partito comunista e alla post-Resistenza, rendevano inapplicabile. V'erano esplosioni improvvise di collera anarchica. A fine agosto la destituzione ad Asti d'un capitano della polizia immessovi dalle file partigiane, tale Carlo Lavagnino (era accusato di rapina), indusse il Lavagnino stesso a darsi alla macchia con una trentina di uomini, armi, viveri. Altri partigiani piemontesi s'erano uniti agli ammutinati. Nenni, che sostituiva De Gasperi, faticò non poco, con concessioni e mozioni degli affetti, per placare questa ribellione che minacciava di estendersi a macchia d'olio. Ancora Nenni vide il Viminale invaso da dimostranti con randelli, bastoni e travi quando vi arrivò la mattina del 9 ottobre.

Gli assalitori erano manovali – ma anche estremisti e provocatori – eccitati dalla notizia che certi lavori di sterramento nei dintorni di Roma sarebbero stati sospesi, e i cantieri chiusi. Erano lavori inutili, con appalti scandalosi, come Nenni riconosceva: «Il Genio Civile paga centinaia di milioni. Gli imprenditori assoldano lavoratori di ogni categoria dove gli operai edili sono il quindici o il venti per cento, li pagano trecentonovanta lire al giorno per un lavoro di poche ore o magari, in alcuni casi, per non lavorare affatto, e intascano milioni... La situazione crea una specie di solidarietà tra questa massa, che chiede di vivere, e gli imprenditori che vogliono perpetuare il sistema attuale dei lavori a regia, contro il governo e Romita in particolare (Romita era passato dagli Interni ai Lavori pubblici, *N.d.A.*), che vuole abolire i lavori a regia, da lui inventati in un momento di emergenza». L'annuncio della sospensione – ma i Lavori pubblici negarono d'avere dato un ordine in proposito – scatenò la piazza. La polizia sparò, si contarono due morti e 150 feriti. Un episodio tra i tanti: che tuttavia chiarisce come fosse difficile evitare gli sperperi sociali. Infatti dopo la battuta d'arresto che Corbino aveva ottenuto, l'inflazione riprese.

La miseria era ancora grande in Italia, e grandissima la strumentalizzazione della miseria. Gli artefici stessi della ricostruzione e della ripresa non sospettavano neppure l'impeto delle sue successive fasi. Ma a due uomini – oltre che al tessitore De Gasperi – va riconosciuto un ruolo e, ciascuno a suo modo, un merito particolare in questi difficili e torbidi inizi del «miracolo»: Angelo Costa, presidente della Confindustria, e Giuseppe Di Vittorio, massimo dirigente della Confederazione generale del lavoro. Costa era un industriale e un grande borghese ligure, onesto e rigoroso, ispirato in economia dalla saggezza einaudiana, fermo nelle sue idee, ma pragmatico nella loro applicazione: un cattolico liberale – un vero credente – che difendeva la concezione classica del capitalismo. Ostile – come scrisse Giovanni Spadolini – alla linea di Valletta («dar lavoro a qualunque costo»), contrario a ogni blocco dei licenziamenti, a ogni forma di autoritarismo economico o di regolazione artificiosa del mercato. «Questo industriale in senso antico – sono ancora osservazioni di Spadolini – pilotò negli anni degasperiani un indiretto ma efficace ed operoso patto sociale.»

Questo poté avvenire perché l'interlocutore di Angelo Costa era Giuseppe Di Vittorio, figlio di contadini pugliesi: il padre, «curatolo» (così si chiamavano i braccianti specializzati) a Cerignola, morì, pare di polmonite dopo un temporale, quando il figlio Peppino aveva sette anni. Il ragazzetto fu anche lui bracciante, con una istintiva curiosità per i libri e per la politica, e con una gran voglia di ribellarsi alla ingrata condizione della «cafoneria» meridionale. Alla vigilia della prima guerra mondiale s'era già fatta una fama consolidata di agitatore: ma al fronte si portò bene, e venne gravemente ferito. Riprese la sua attività sindacal-politica subito dopo il congedo, e seppe d'essere stato eletto deputato nelle liste socialiste (era il 1921) mentre era in carcere a Lucera. Passò nel 1924 al Pci, poi fu esule in Francia, e commissario politico nel battaglione Garibaldi delle Brigate internazionali, comandato da Randolfo Pacciardi, durante il conflitto civile spagnolo. Pur così intriso di ideologia marxista, non fu mai un cremlinizzato alla Togliatti, conservò il contatto con la realtà italiana, ed espresse ostinatamente la convinzione che molti giovani fascisti fossero in buona fede, e che si dovesse convertirli, se possibile, non condannarli.

Quest'uomo singolare – uno dei pochi dirigenti comunisti espressi dal mondo contadino – divenne il maggior *leader* sindacale italiano. Non rinunciò, nei comizi, alle tesi massimaliste e agli *slogans* tonitruanti. Ma aveva profondo il senso del possibile e la sua lotta ebbe sempre un limite: la vittoria della fazione non doveva essere ottenuta sulla pelle del Paese. Un fondo di concretezza e di patriottismo senza ostentazione accomunava l'armatore Costa all'ex-bracciante Di Vittorio. Ha raccontato un collaboratore del sindacalista: «Con Angelo Costa, il presidente della Confindustria, si era instaurato un rapporto chiaro, come fra due potenze nemiche che si rispettano. Quando c'era una vertenza importante o un rinnovo di contratto, Costa e Di Vittorio si davano appuntamento alla stazione di Bologna. Salivano su un vagone-letto, e passavano la notte a discutere. Quando il treno arrivava a Roma l'accordo era fatto. Naturalmente, dopo, i rappresentanti della Confindustria e quelli della Cgil s'incontravano. Mugugnavano, ma si attenevano a quel che avevano già concordato Costa e Di Vittorio». Non un innaturale idillio, dunque, ma un rapporto duro e leale, fatto di stima reciproca, e di civismo. La confusione dei ruoli sarebbe venuta più tardi, in politica, in economia, nel sindacato: e con altri protagonisti.

CAPITOLO QUARTO

GUAI AI VINTI

Il trattato di pace tra l'Italia e le potenze vincitrici ha avuto ed ha un nome improprio. L'Italia non trattò: subì le condizioni che le vennero imposte e poté soltanto esporre – senza gran frutto – le sue ragioni. A De Gasperi, italiano inconsueto, severo nell'aspetto e asciutto nell'eloquio, toccò il compito amaro di farsi difensore d'una causa persa in partenza. Quello suo – e del Paese – fu un Calvario del quale crediamo convenga ripercorrere, a questo punto, tutte le tappe: anche se alcune sono già state rievocate ne *L'Italia della guerra civile*.

De Gasperi non si faceva illusioni. «La mia posizione – disse alla vigilia d'uno dei suoi viaggi a Parigi – è per quattro quinti quella di imputato e responsabile di una guerra che non ho fatto e che il popolo non ha voluto, e per un quinto quella di belligerante.» Alcuni sacrifici erano scontati. Non potevamo realisticamente opporci alla cessione delle isole del Dodecanneso, rivendicate dalla Grecia e abitate da greci. E neppure potevamo pensare di mantenere, in una qualsiasi forma, la «unione dinastica» tra Italia e Albania, vanificata anche sul piano formale dalla proclamazione della Repubblica. Era parimenti scontato un sacrificio territoriale nella Venezia Giulia: ma si sperava di contenerlo entro limiti, se non di equità, almeno di accettabilità. Quanto alle colonie, era perduta l'Etiopia, frutto di una conquista che portava il marchio fascista. Senonché Hailé Selassié pretendeva anche l'Eritrea. Sulla Libia gravava una ipoteca del Senusso, che si rifaceva a una promessa inglese degli anni di guerra. Questi appetiti sulle colonie non sarebbero stati preoccupanti, in una fase storica nella quale i maggiori imperi coloniali si avviavano al disfacimento, se avessero riguardato solo le popolazioni locali. Purtroppo riguardavano anche gli italiani là insediati: nel '40, 75 mila in Eritrea, 10 mila in Somalia, 150 mila in Libia.

La Francia aveva in un primo momento garantito di non voler avanzare pretese territoriali ma i buoni propositi erano andati scolorendo nell'ambiguità. Perfino la Valle d'Aosta pareva insidiata. In un discorso a Nizza, il 10 aprile del 1945, De Gaulle aveva accennato, con linguaggio profetico, a un vento di vittoria «che aleggia intorno alle nostre bandiere sul Reno» e che soffia «anche sulle Alpi, e sta per superarle». L'Austria rivendicava l'Alto Adige, atteggiandosi a vittima dell'austriaco Hitler, e v'era il rischio che il criterio etnico, rinnegato in Venezia Giulia, venisse invece applicato a sud del Brennero.

In questa corona di spine, la spina che più pungeva era quella giuliana. Tito aveva voluto creare il fatto compiuto, e alla fine di aprile del '45, occupata Fiume, si era buttato verso Trieste e Gorizia in gara di velocità con le truppe alleate del generale Freyberg, che si insediò a Trieste, ma non poté tenerne fuori gli iugoslavi. Solo il 9 giugno (sempre del '45) gli Alleati avevano ottenuto che le truppe di Tito si ritirassero da Trieste, ad eccezione di un modesto contingente. La zona alleata e la zona iugoslava vennero divise dalla linea Morgan, così chiamata dal nome del generale che comandava le truppe alleate: era una linea che, concepita in funzione di esigenze militari, aveva pregiudicato irreparabilmente i diritti italiani. Correva infatti lungo l'Isonzo sfiorando Gorizia, e descriveva attorno a Trieste un arco che delimitava pressappoco (ma alquanto più favorevolmente) l'attuale confine. Tra gli interlocutori di De Gasperi il meglio disposto nei riguardi dell'Italia era il segretario di Stato americano Byrnes. Ma, politicante di vecchio stampo, era anche un uomo di compromessi, cui a volte furono strappate per stanchezza concessioni per noi deleterie. Oltretutto non capiva l'accanimento con cui era difeso un «fazzoletto di terra».

De Gasperi esaminò e meditò a lungo, con i suoi collaboratori, l'atteggiamento da prendere. A Paolo Canali, fidatissimo segretario particolare, disse che voleva soprattutto evitare che si pensasse a un'Italia astuta e sorniona. Gli premeva di dare una sensazione di lealtà: per questo – forse sbagliando – non avanzò tesi massime, da cui ripiegare poi su tesi minori, ma volle indicare subito i sacrifici cui il governo e il popolo italiano erano spontaneamente disposti, e quelli che invece si sarebbero fatti soltanto imporre. Indicò pertanto come base per la nuova frontiera italo-iugoslava la linea Wilson del 1919, ammettendo dolorosamente l'abbandono di Fiume e di Zara. Promise la più generosa autonomia alle minoranze allogene, ed espresse la speranza che l'Italia ottenesse un mandato sulle colonie prefasciste.

La procedura di massima per i trattati di pace era stata concordata dai «grandi» (Truman, Stalin, Attlee) a Potsdam tra il luglio e l'agosto del 1945. In base ad essa, i ministri degli Esteri che avevano stipulato le condizioni di resa dei Paesi «nemici» (incluso il francese che in realtà non aveva partecipato all'accordo e con in più il cinese) avrebbero abbozzato i trattati, sottoposti a una conferenza dei 21 Stati che avevano partecipato alle operazioni belliche contro la Germania, il Giappone, l'Italia e i loro alleati minori.

La prima conferenza dei ministri degli Esteri fu aperta a Londra, alla Lancaster House, l'11 settembre del 1945, e De Gasperi venne convocato per il 18 settembre. Parlò con lo slancio secco e la franchezza che gli erano abituali, in italiano. Fu un viaggio umiliante. De Gasperi tornò in Italia con un aereo americano che, per ragioni note sol-

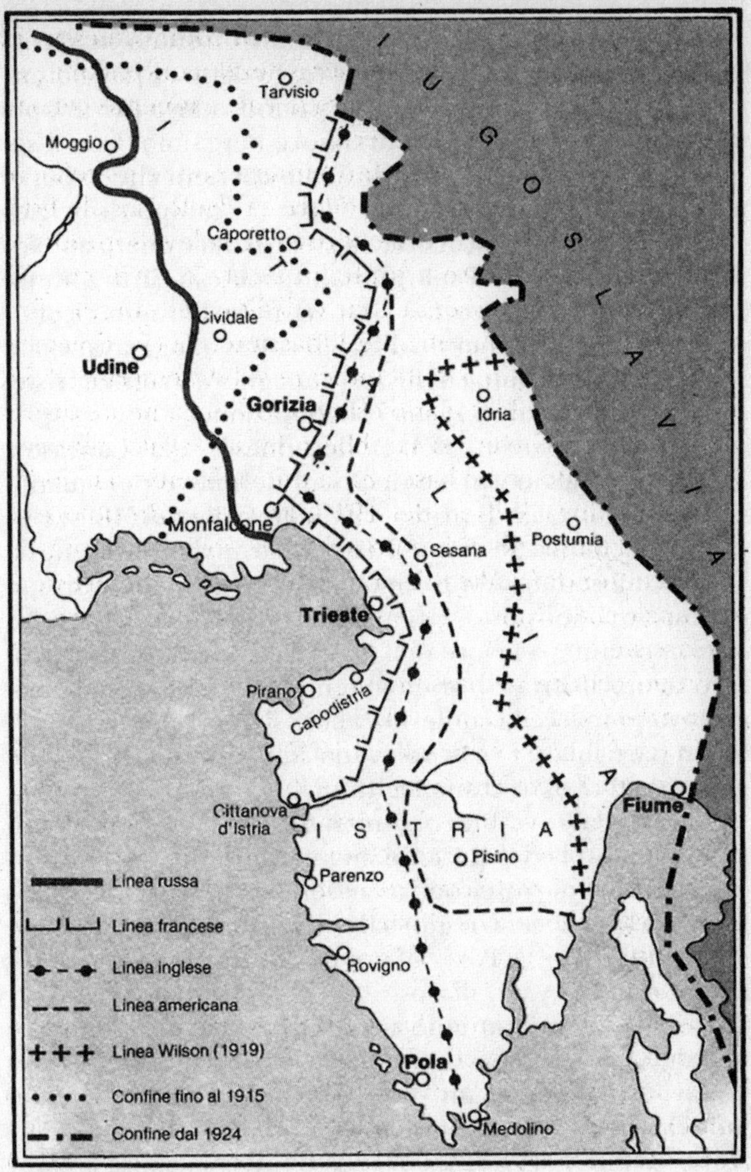

Le proposte dei vincitori

tanto a qualche sergente alleato, venne dirottato su Marsiglia e là bloccato. Sarebbe ripartito, fu detto ai viaggiatori, solo l'indomani. Il *leader* democristiano, atteso per importanti impegni a Roma, era di umore nerissimo. Con il segretario, s'inerpicò su una cigolante corriera che lo portò a Marsiglia, costeggiando tra l'altro un campo di prigionieri italiani. Gli fu procurata a stento una camera all'Hotel de Noailles, per Paolo Canali fu pescata una soffitta. Nella hall dell'albergo De Gasperi incrociò, non riconosciuto, il console generale d'Italia, che vi alloggiava, e che solo più tardi, saputo chi fosse quel signore magro e triste, si precipitò a offrirgli la sua collaborazione.

Tranne la perdita del Dodecanneso, alla Lancaster House non furono prese decisioni definitive per quanto riguardava l'Italia. E prima che, nell'aprile del '46, si riunisse una nuova sessione a Parigi, fu inviata in Venezia Giulia una commissione d'inchiesta che prendesse diretta conoscenza, sul posto, della situazione. Poteva essere un *test* importante, a favore dell'Italia, se i «commissari» avessero avuto libertà di orientamento e di valutazioni. Essi cercavano invece la conferma alle tesi dei rispettivi governi. In particolare i russi volevano soltanto dimostrare che gli appetiti di Tito erano legittimi.

Gli iugoslavi avevano organizzato, dovunque passassero i componenti la delegazione, manifestazioni massicce: eppure gli italiani riuscirono a far sentire, tra minacce e violenze, la loro voce. Un giornale svizzero riportò un episodio significativo. A Pola, all'arrivo della commissione, italiani e slavi avevano dimostrato contemporaneamente in due diverse strade attigue all'edificio in cui la commissione stessa era insediata. Un capetto locale dei comunisti iugoslavi accompagnò un delegato russo a una finestra e, mostrando gli attivisti titini in tripudio, disse enfaticamente: «Ecco il popolo di Pola». Il russo traversò allora la stanza e, affacciato a una finestra che dava sulla facciata opposta, chiese con qualche ironia, additando la folla che invocava l'Italia: «E questo che popolo è?». Ma queste realtà umane poco potevano contro le esigenze politiche dei vincitori. Molotov era, a parole, ragionevole. («Gli italiani stiano con gli italiani, gli slavi con gli slavi»), ma poi tracciò sulla carta una proposta che riportava la frontiera addirittura a ovest del tracciato del 1866. La linea americana e la inglese si avvicinavano entrambe a quella Wilson: un po' migliore l'americana che ci lasciava anche Albona con le miniere dell'Arsa. Il francese Bidault, con la solita dichiarata buona intenzione di facilitare un accordo, varò una linea francese che ancor più ci pregiudicava perché intaccava i sobborghi di Gorizia.

La diplomazia italiana assisteva, impotente, a queste avvisaglie del peggio. De Gasperi chiese e ottenne di essere ascoltato dai ministri degli Esteri, che tenevano la loro riunione al Palazzo del Lussemburgo. Insieme alla moglie giunse nella capitale francese il 2 maggio 1946 (il primo d'una serie tormentosa di viaggi) e occupò l'appartamento riservato agli ospiti nell'ambasciata di Rue de Varenne, da poco restituita all'Italia. Quella volta, come le successive, uscì pochissimo, e solo per doveri d'ufficio, tranne una breve passeggiata. Una sera si lasciò trascinare a teatro: la commedia che si rappresentava era d'argomento serio, non gli spiacque. Ma la Parigi notturna non volle mai conoscerla. A volte, in piena notte – lo hanno ricordato sia la moglie Francesca, sia l'ambasciatore Quaroni – indiceva riunioni improvvise e segrete, dalle quali erano esclusi i rappresentanti dei comunisti. Era a Parigi come consulente di De Gasperi l'ambasciatore a Varsavia Reale, che più tardi lasciò il Pci: e i comunisti erano, a Roma, nel governo. I documenti segreti venivano perciò protetti gelosamente, ad evitare che, tramite i comunisti, la delegazione russa fosse informata delle mosse e dei contatti di De Gasperi.

In quella visita parigina di maggio De Gasperi, assillato da ciò che accadeva in Italia – con l'imminente abdicazione di Vittorio Emanuele III e il referendum istituzionale ormai vicino – non fu né molto brillante né molto efficace. Era già rientrato a Roma quando seppe, e per il governo fu una sorpresa ingrata, che i ministri dei «grandi» stavano mettendo a punto un progetto inedito: la costituzione del «Territorio libero di Trieste», da Duino a Cittanova. Il progetto fu avanzato da Bidault, che così peggiorava le sue già cattive precedenti proposte, sottraendo all'Italia, all'interno della sfavorevole linea francese, il territorio che sarebbe divenuto «libero». Il 3 luglio l'idea francese fu accettata anche da inglesi e americani. L'equilibrio etnico veniva «rispettato» lasciando 180 mila italiani alla Iugoslavia, e 20 mila slavi in territorio italiano. Si disse poi che Byrnes aveva accondisceso in uno stato di vera prostrazione, dopo uno svenimento.

Paolo Canali ha così riassunto i motivi che facilitarono il compromesso, rovinoso per l'Italia: «La Russia, impotente a far subito accettare che Trieste fosse assegnata alla Iugoslavia, non chiedeva di meglio che un espediente, pur di non lasciarla all'Italia; la Francia, favorendo l'URSS con il progetto dell'internazionalizzazione, mirava ad ottenere l'adesione russa ai suoi piani di pace con la Germania; gli Stati Uniti, non ancora abbandonata la politica di *appeasement* con l'URSS, desideravano mettere fine allo snervante negoziato; la Gran Bretagna, ansiosa a sua volta di non inasprire i rapporti con l'URSS, non si sentiva, per Trieste, di pregiudicare l'accordo proprio in extremis».

Dai colpi di accetta eravamo riusciti a preservare l'Alto Adige. I ministri degli Esteri alleati avevano accettato alla Lancaster House il principio di «rettifiche secondarie» in favore degli austriaci, che tempestavano con memorandum e istanze di gruppi irredentisti, e volevano spostare il confine alla stretta di Salorno. Quello spiraglio lasciato alle ambizioni austriache era pericolosissimo. Fu richiuso nelle riunioni di maggio e giugno, soprattutto perché l'URSS si dichiarò contraria alle esigenze di Vienna; ma poteva da un momento all'altro riaprirsi. Questo era il grande timore di De Gasperi. Oggi, con il senno di poi, molti affermano che De Gasperi si lasciò impaurire dai fantasmi, e che firmò l'accordo con il ministro degli Esteri austriaco Gruber del 5 settembre – un accordo che garantiva agli altoatesini di lingua tedesca ampi diritti e larghissima autonomia, ma sanciva la intangibilità della frontiera al Brennero – per prevenire una minaccia inesistente. Chi ragiona a questo modo non ricorda probabilmente che 150 deputati inglesi avevano biasimato il loro ministro degli Esteri Bevin per la mancanza di iniziativa sul problema altoatesino, e che lasciando che le cose seguissero il loro corso si era arrivati per la Venezia Giulia alla formula del Territorio libero di Trieste.

La conferenza dei 21 durò dal 29 luglio al 15 ottobre 1946. Oltre a Stati Uniti, URSS, Gran Bretagna, Francia e Cina vi furono ammessi anche Australia, Belgio, Brasile, Canada, Cecoslovacchia, Etiopia, Grecia, India, Iugoslavia, Norvegia, Nuova Zelanda, Olanda, Polonia, Bielorussia, Ucraina, Unione Sudafricana. Potevamo contare, in quel consesso, su pochissimi amici. L'americano Byrnes tra i «grandi»; il brasiliano e l'olandese tra i minori. Questi ultimi si sentivano schiacciati dalla preponderanza dei «grandi», tanto che il neozelandese Jordan sbottò un giorno: «Che razza di conferenza è questa, in cui una minoranza di quattro tizi ha sempre ragione? Questa è roba da Hitler e da Mussolini».

Dalle discussioni eravamo esclusi. De Gasperi avrebbe parlato all'Assemblea generale, gli altri componenti la delegazione italiana, in particolare Giuseppe Saragat e Ivanoe Bonomi, peroravano le nostre ragioni, su punti specifici, nelle commissioni formate all'uopo. La preparazione del discorso che il Presidente del Consiglio pronunciò il 10 agosto fu laboriosa e carica di dubbi. De Gasperi aveva convocato a Parigi i più importanti ambasciatori italiani per averne l'avallo, che era anche un avallo politico. Nicolò Carandini (Londra) rappresentava i liberali, Tarchiani (Washington) il Partito d'azione, Reale (Varsavia) i comunisti, Quaroni (Mosca) la diplomazia di carriera. L'ambasciata italiana a Parigi era scoperta da quando Saragat era divenuto presidente della Costituente, e nessuno voleva ricoprire quel posto per il timore di dover apporre la sua firma al *diktat*.

Si erano recati a Parigi anche i capi delle grandi correnti del sindacalismo italiano per portare ai delegati, in sede privata, la voce delle «masse lavoratrici antifasciste e democratiche». Byrnes aveva profuso, per loro, molte cortesi parole. Ma il laburista e sindacalista Bevin (l'episodio è stato raccontato da Uguccione Ranieri che era a capo dell'ufficio stampa della delegazione italiana e che accompagnò, come interprete, i sindacalisti) fu aspro, quasi sprezzante. Accolse i rappresentanti dei lavoratori italiani senza alzarsi in piedi, senza nemmeno tendere la mano. E, ascoltate freddamente le loro parole, ribatté ricordando le colpe del fascismo, e astenendosi da ogni distinzione tra il regime e il popolo italiano. Nella preparazione del discorso De Gasperi, ha annotato Canali, «distillava testi già preparati, memoriali, verbali, pareri di colleghi», riceveva delegati istriani, e alti ufficiali delle Forze armate che si disperavano per le proposte limitazioni militari. Via via gli abbozzi erano tradotti e scartati. Anche questa volta si pose, come in occasioni precedenti, il problema della lingua da usare. Fu di nuovo preferito l'italiano, e fu saggia decisione. I componenti l'assemblea avrebbero seguito il discorso attraverso le traduzioni: era giusto che De Gasperi potesse mettere, in ogni sua parola, il calore che solo l'uso della lingua materna gli consentiva. Ancora a mezzogiorno del 10 agosto il discorso subì qualche ultimo ritocco. Alle 15 furono pronte le traduzioni. Un'ora più tardi i delegati italiani vennero ammessi, ad un cenno di Bidault che presiedeva, nell'aula delle riunioni, dove millecinquecento rappresentanti di ventun nazioni aspettavano. Il ministro francese ebbe parole di circostanza per la «nuova Italia», si accesero i riflettori, presero a ronzare le cineprese mentre De Gasperi, in un silenzio impressionante, saliva alla tribuna.

Cominciò un po' in sordina, ma senza nervosismo. Confidò poi che si sentiva calmo, che non avvertiva soggezione. L'esordio fu di alto livello drammatico: «Prendendo la parola in questo consesso mondiale sento che tutto, tranne la vostra personale cortesia, è contro di me: e soprattutto la mia qualifica di ex-nemico, che mi fa considerare imputato, e l'essere citato qui dopo che i più influenti di voi hanno già formulato le loro conclusioni, in una lunga e faticosa elaborazione». Con sobrietà di gesti, ma anche con voce sempre più calda e crescente vigore, De Gasperi disse che il trattato aveva un'impostazione punitiva, e affrontò la questione giuliana. «La linea francese – osservò – era una linea politica di comodo, non già una linea etnica nel senso delle decisioni di Londra, perché rimanevano nel territorio slavo 180 mila italiani, e in quello italiano 59 mila slavi: soprattutto essa escludeva dall'Italia Pola e le città minori della costa istriana occidentale ed implicava per noi una perdita insopportabile. Ma, per quanto inaccettabile, essa era almeno una frontiera italo-iugoslava che aggiudicava Trieste all'Italia. Ebbene, che cosa è accaduto sul tavolo del compromesso durante il giugno, perché il 3 luglio il consiglio dei quattro rovesciasse le decisioni di Londra e facesse della linea francese non più la frontiera fra Italia e Iugoslavia, ma quella di un cosiddetto territorio libero di Trieste?» E proseguì: «Per correre il rischio di tale espediente, voi avete dovuto aggiudicare l'81 per cento del territorio della Venezia Giulia alla Iugoslavia, avete dovuto far torto all'Italia rinnegando la linea etnica, avete abbandonato alla Iugoslavia la zona di Parenzo-Pola senza ricordare la Carta Atlantica che riconosce alle popolazioni il diritto di consultazione sui cambiamenti territoriali».

Fu un buon discorso, fermo e pieno di dignità. Venne accolto in silenzio. Per gli italiani, la cui voce doveva purtroppo risuonare nel deserto degli egoismi altrui, era già venuto il momento di andarsene. Prima, però, stettero ad aspettare che fossero lette le traduzioni (non funzionavano ancora in queste occasioni i moderni sofisticati impianti di traduzione simultanea). Poiché De Gasperi risaliva l'emiciclo per sedersi, Byrnes gli si fece incontro, alzandosi dal suo scanno, gli strinse la mano con calore e gli sussurrò qualcosa all'orecchio (voleva vederlo in privato dopo la seduta). Sforza, che era in viaggio nell'America Latina per sollecitare interventi a nostro favore, telegrafò poi a De Gasperi, con egocentrismo scoperto e inconsapevole, che il suo (di De Gasperi) discorso era stato il miglior aiuto all'opera che lui (Sforza) andava in quel momento svolgendo.

De Gasperi aveva fatto ottima impressione. Il *New York Times* notò che era toccato a una nazione sconfitta di rialzare il tono della verbosa conferenza. «Voi parlaste – scrisse un autorevole pubblicista inglese in una "lettera aperta al signor De Gasperi" – non a una conferenza di pace ma a una conferenza di guerra. Voi sì, signore, avete il diritto di presentarvi come antifascista e democratico, perché non abbracciaste il signor Ribbentrop sotto il segno della croce uncinata. Ma voi, nonostante tutto, foste ascoltato dai milioni che anelano alla pace che voi prospettate.»

Uno di coloro che avevano abbracciato Ribbentrop, il sovietico Viscinski, ebbe, in un discorso che ribatteva le tesi italiane, uno scatto violento e insultante. «Non è vero che Trieste sia italiana. Trieste è stata fondata dagli slavi, e anzi è colpa dell'Italia se è decaduta dal rango che aveva di primo porto di tutto il Mediterraneo. Non è vero che il signor Bonomi sia un democratico, anzi è stato ministro della Guerra del regime fascista. Non è vero che l'esercito italiano ha abbattuto l'impero austro-ungarico: l'impero austro-ungarico fu vinto dai russi del generale Brussiloff che nel 1916 fecero prigionieri due milioni di austriaci. Anzi, sanno tutti che gli italiani sono molto più bravi a scappare che a combattere.» Non appena la delegazione italiana seppe che erano state pronunciate queste frasi e in particolare l'ultima, deliberatamente offensiva, chiese di avere dall'ambasciata sovietica una copia del discorso. Quando l'ottenne constatò che, la frase incriminata non c'era più.

L'attività di De Gasperi era febbrile, e le ricorrenti minacce di crisi di governo – la classe politica non dimostrava eccessiva sensibilità per l'ora grave che il Paese attraversava – imponevano al Presidente improvvisi ritorni a Roma. I ventuno dal canto loro non riuscivano a mettersi d'accordo nemmeno nel limitato spazio decisionale che i ministri dei «grandi» avevano lasciato loro: non si arrivò ad un'intesa, ad esempio, sullo statuto del Territorio libero di Trieste, e la questione venne rinviata ai soliti «grandi».

Il 4 novembre 1946 a New York, al trentasettesimo piano di un grattacielo, Byrnes, Bevin, Molotov e Couve de Murville (quest'ultimo in sostituzione di Bidault impegnato nelle elezioni francesi) ripresero in mano la materia dei trattati per «rifinirla». Davanti a loro, il 6 novembre, l'ambasciatore italiano negli Stati Uniti Alberto Tarchiani, contrastato con furore dallo iugoslavo Simich, chiese che alle genti giuliane fosse almeno accordato il diritto ad un plebiscito. Parlava al vento. Ma una bomba politica scoppiò il giorno successivo in Italia, per un'intervista di Togliatti all'*Unità*, nella quale era proposta una inedita soluzione del problema giuliano (Togliatti aveva intervistato se stesso, è ovvio). Reduce da un incontro a Belgrado con il maresciallo Tito, Togliatti, che aveva raggiunto la capitale iugoslava in automobile il 3 novembre, rivelava: «Il maresciallo Tito mi ha dichiarato di essere disposto a consentire che Trieste appartenga all'Italia, cioè sia sotto la sovranità della Repubblica italiana, qualora l'Italia consenta a lasciare alla Iugoslavia Gorizia, città che anche secondo i dati del nostro Ministero degli Esteri è in prevalenza slava». Il baratto parve eccellente alla segreteria del Pci che espresse «la riconoscenza del popolo italiano al maresciallo Tito».

Ma negli altri settori politici vi fu una vera sollevazione. Il Ministero degli Esteri negò d'avere mai ammesso la non italianità di Gorizia, anche se il ministro Nenni, affascinato e dominato intellettualmente da Togliatti, era assai meno risoluto dei funzionari. Basta leggere il suo diario: «I democristiani gridano alla manovra. Io propendo per una interpretazione alquanto diversa, pur rendendomi conto che se diamo l'impressione di cedere su Gorizia la conseguenza può essere grave a New York dove si decide del nostro destino». E il giorno successivo, 8 novembre: «La destra è scatenata contro Togliatti. Ma non raggiunge l'acredine della stampa cattolica e del *Popolo*. C'è una incapacità totale della nostra borghesia di sollevarsi al di sopra dei suoi odi sociali e dei clericali di ragionare in termini nazionali. Per i primi Tito è l'espropriatore, per i secondi è lo scomunicato, il persecutore della Chiesa, l'uomo che ha condannato monsignor Stefanič».

Nenni non capiva che Togliatti tentava, con la sua «trovata» di cogliere due piccioni con una fava: ossia di scrollarsi di dosso l'accusa di rinunciare, per solidarietà ideologica, alla Venezia Giulia in favore degli iugoslavi, e nello stesso tempo di rendere un servizio a Tito, barattando una città italiana con un'altra città italiana. Il Partito comunista era, in Venezia Giulia, totalmente infeudato a Tito, consenziente Togliatti. Ha scritto Bocca nella biografia di Togliatti: «Nel partito giuliano sono stati creati i gruppi dei cinque, l'organizzazione dei fedelissimi; e non c'è gruppo dei cinque in cui manchi un membro della polizia politica iugoslava. La dipendenza da Lubiana è totale. È là che si decidono le nomine e i trasferimenti del partito giuliano... Ma vi è qualcosa di peggio: Ranković pretende che i compagni italiani collaborino con il servizio segreto (iugoslavo)... Togliatti è un muro di gomma».

Questo muro di gomma, che tale era soprattutto nei riguardi di Tito, si risentì acrimoniosamente per il naufragio del baratto (naufragio provocato tra l'altro da un voto unanime del governo nel quale sedevano quattro comunisti). In un articolo di fondo dal titolo «La politica dei calci nel sedere», pubblicato il 10 novembre dall'*Unità*, Togliatti accusò De Gasperi d'avere, lui sì, compromesso la sorte delle popolazioni giuliane. «(De Gasperi) non ha barattato nulla, ma ha perduto tutto, eccetto l'umiliante carezza fattagli sul dorso ricurvo dal compassionevole ministro Byrnes.» Togliatti sembrava aver perso le staffe ma, come ha scritto Giorgio Amendola, la sua virulenza era probabilmente calcolata. Rincarò la dose in un comizio a Livorno insinuando addirittura che De Gasperi avesse di proposito ritardato il rimpatrio dei prigionieri dalla Iugoslavia, e questa volta il *leader* democristiano pretese, in Consiglio dei ministri, un chiarimento: e l'ottenne da Scoccimarro: «Dichiaro, certo di interpretare il pensiero personale dei miei colleghi, e dello stesso intero mio partito, che nulla può contestarsi di meno che onorevole per il Presidente del Consiglio». È facile constatare, oggi, quanto sarebbe stato insensato lo scambio che Togliatti caldeggiava: Trieste è tornata all'Italia, Gorizia è rimasta italiana.

Il 4 dicembre i ministri degli Esteri dei «grandi» conclusero a New York l'ultima fase del loro lavoro. I trattati avevano ricevuto la stesura definitiva, e il nostro rimaneva

La finzione del Territorio libero di Trieste

durissimo. Tuttavia Kardelj affermava sdegnosamente che la Iugoslavia, insoddisfatta, non l'avrebbe ratificato. Voci contro la ratifica sorgevano e s'infittivano – con maggior fondamento – anche in Italia. De Gasperi disse: «Se fosse possibile decidere secondo criteri ideali e di giustizia, il trattato sarebbe da respingere». Era possibile respingerlo? Era opportuno rifiutare la firma? Da allora, per un anno, l'angoscioso dilemma politico, morale e giuridico assillò il governo e l'opinione pubblica italiani. La firma non significava di per se stessa accettazione, costituendo un semplice atto di procedura (i tedeschi avevano firmato ma non accettato il Trattato di Versailles). E l'accettazione veniva, senza dubbio, con la ratifica.

Il dilemma era di prima grandezza, anche dal punto di vista pratico. Firma e ratifica avrebbero liberato l'Italia dalle pesanti condizioni armistiziali, anche se già alleggerite: ma potevano sembrare il riconoscimento di clausole ingiuste, vessatorie, odiose. Ingiuste in gran parte le clausole territoriali. Inutilmente vessatoria l'imposizione di consegnare ai vincitori la miglior parte di quella flotta che disciplinatamente si era affidata, dopo la proclamazione dell'armistizio, agli Alleati. Stati Uniti e Gran Bretagna rinunciarono a questo diritto di preda, la Francia accordò concessioni, l'URSS fu inflessibile. Odiosa, anche se ricalcata su analoghe norme del Trattato di Versailles, la clausola che consentiva ai vincitori di rivalersi, per il pagamento delle riparazioni, sui beni di privati cittadini italiani posti nel loro territorio. (Per decine d'anni si sono trascinate molte pratiche di emigrati che, spogliati di tutto, hanno dovuto attendere da una burocrazia lentissima e insensibile il risarcimento cui il governo italiano si era impegnato).

Ripugnava infine al sentimento nazionale l'articolo 16, a stento approvato dalla conferenza dei ventuno a Parigi (10 voti contro 9). Eccone il testo: «L'Italia non incriminerà, né altrimenti perseguirà alcun cittadino italiano, compresi gli appartenenti alle Forze armate, per il solo fatto di avere, durante il periodo di tempo dal 10 giugno 1940 all entrata in vigore del presente trattato, espresso simpatia od avere agito in favore della causa delle potenze alleate ed associate». Era un articolo che poteva sì salvaguardare gli idealisti, i resistenti politici, i fuorusciti che avevano avversato il fascismo in nome delle loro convinzioni, ma che copriva con il mantello dell'impunità anche biechi traditori e spie. Qualcuno ha asserito che questa clausola era stata rafforzata e completata da patti segreti. Da autorevoli fonti l'ipotesi ci è stata smentita. La rende poco verosimile la partecipazione alle trattative degli Stati Uniti, acerrimi avversari, allora, delle clausole segrete (già dopo la prima guerra mondiale Wilson aveva rifiutato validità al Patto di Londra tra l'Italia e l'Intesa proprio perché stipulato segretamente). Inoltre non si direbbe che l'articolo 16 abbisogni di occulte integrazioni. Ma esso dava fondamento al sospetto che determinate persone avessero reso agli Alleati ambigui favori, e ne avessero ricevuto compensi di vario tipo in epoca prearmistiziale: quando, piaccia o no, questo comportamento era fellonia bella e buona.

Firma e ratifica erano due atti distinti. La prima spettava al governo, la seconda all'Assemblea Costituente, con una controfirma del Capo dello Stato. Il «cuore» del Paese era contro l'accettazione, anche soltanto formale, del *diktat*; la ragione suggeriva l'atteggiamento opposto. L'economia era ancora assillata da angosciose incertezze: e la precaria situazione giuridica e internazionale non era fatta per dissiparle. Si profilava in particolare il rischio che, mancando l'accettazione del trattato, gli Stati Uniti, cui De Gasperi aveva dovuto fare drammaticamente appello per le «saldature» alimentari e per i rifornimenti, sospendessero ogni aiuto. E sarebbe stato il disastro.

Posto di fronte all'alternativa «firmare o non firmare», De Gasperi era, secondo la testimonianza dell'ambasciatore Quaroni, esitante, anzi pareva propendere – ma era molto riservato – per un rifiuto. Il governo si pronunciò infine per la firma con ampie riserve. L'8 febbraio 1947, due giorni prima che l'ambasciatore Meli Lupi di Soragna firmasse a Parigi, De Gasperi chiarì alla Costituente il punto di vista del governo. «La nostra firma – disse – non può mutare la realtà come si è svolta e quale fu denunziata in ogni fase della Conferenza. Essa non può cancellare il fatto che nonostante la Carta Atlantica e la stessa recente Costituzione francese, il trattato dispone dei popoli senza consultarli, e neppure può eliminare il fatto, purtroppo incontrovertibile, che la nostra economia da sola, nonostante ogni buon volere, non può sopportare il peso di cui il trattato la grava. Non rifiutare la firma richiesta vuol dire che il governo italiano non intende pregiudizialmente fare atto di resistenza contro l'esecuzione del trattato: significa che l'Italia vuol dare prova di buona volontà e di ogni sforzo ragionevole e possibile per liquidare la guerra; vuol dire che l'Italia, nonostante il contenuto del trattato, non dispera, non vuole disperare dell'avvenire.»

E così Meli Lupi di Soragna firmò, dopo una estrema schermaglia diplomatica nel corso della quale il governo italiano ribadì che il plenipotenziario sottoscriveva il documento «con riserva di ratifica da parte dell'Assemblea Costituente». Firmò, dopo tonanti dichiarazioni in contrario, anche la Iugoslavia ma a sua volta con riserva per il mancato accoglimento delle rivendicazioni su Gorizia, Monfalcone e Trieste. Lo stesso giorno della firma a Parigi l'italiana Maria Pasquinelli uccise a Pola, per sanguinosa protesta contro l'ingiustizia del *diktat*, il generale inglese De Winton.

Per effetto del trattato, l'Italia perdette Zara, la quasi totalità della Venezia Giulia, l'isola di Saseno, l'Etiopia, l'Eritrea, la Libia, il Dodecanneso, Briga e Tenda, la concessione cinese di Tien-Tsin. Sulla Somalia ottenemmo nel 1949 l'amministrazione fiduciaria per mandato dell'ONU, durata fino al 1960. Trieste e la zona A del Territorio libero tornarono all'Italia nel 1954. Ci fu imposto di pagare cento milioni di dollari all'URSS, 125 alla Iugoslavia, 105 alla Grecia, 25 all'Etiopia, 5 all'Albania. Secondo le clausole militari l'Esercito italiano doveva essere limitato a 250 mila uomini (compresi 65 mila carabinieri) con non più di 200 carri armati; la Marina a 2 corazzate, 4 incrociatori, 4 caccia, 16 torpediniere, 20 corvette (e 22.500 uomini al massimo); l'Aviazione a 200 caccia e ricognitori, 150 aerei da trasporto, nessun bombardiere, al massimo 25 mila uomini. L'Italia s'impegnava infine a smantellare le fortificazioni ai confini francese e iugoslavo, a smilitarizzare Pantelleria, Lampedusa e Pianosa, e a non acquistare missili guidati, cannoni con gittata oltre i 30 chilometri, corazzate, sommergibili e portaerei. Vincoli molto pesanti, che già contrastavano clamorosamente, quando Meli Lupi di Soragna firmò, con la mutata situazione in Italia e nel mondo: tanto che, al momento della ratifica, quel trattato era già anacronistico.

Molte cose avvennero infatti tra l'autunno del 1946 e l'autunno del 1947. Le accenniamo soltanto – su quasi tutte dovremo tornare – per chiarire in quale diversa atmosfera si siano svolti i dibattiti pro o contro la ratifica. Un viaggio di De Gasperi a Washington, la scissione socialista di Palazzo Barberini, poi la formazione, nella primavera del '47, d'un governo monocolore democristiano integrato da poche personalità di alto livello – Einaudi per il Bilancio, Sforza per gli Esteri, Merzagora per il Commercio con l'estero – segnavano una decisa svolta politica. Socialisti e comunisti erano estromessi dal governo: e i comunisti non vi sarebbero mai più rientrati. Washington, pressata dalle

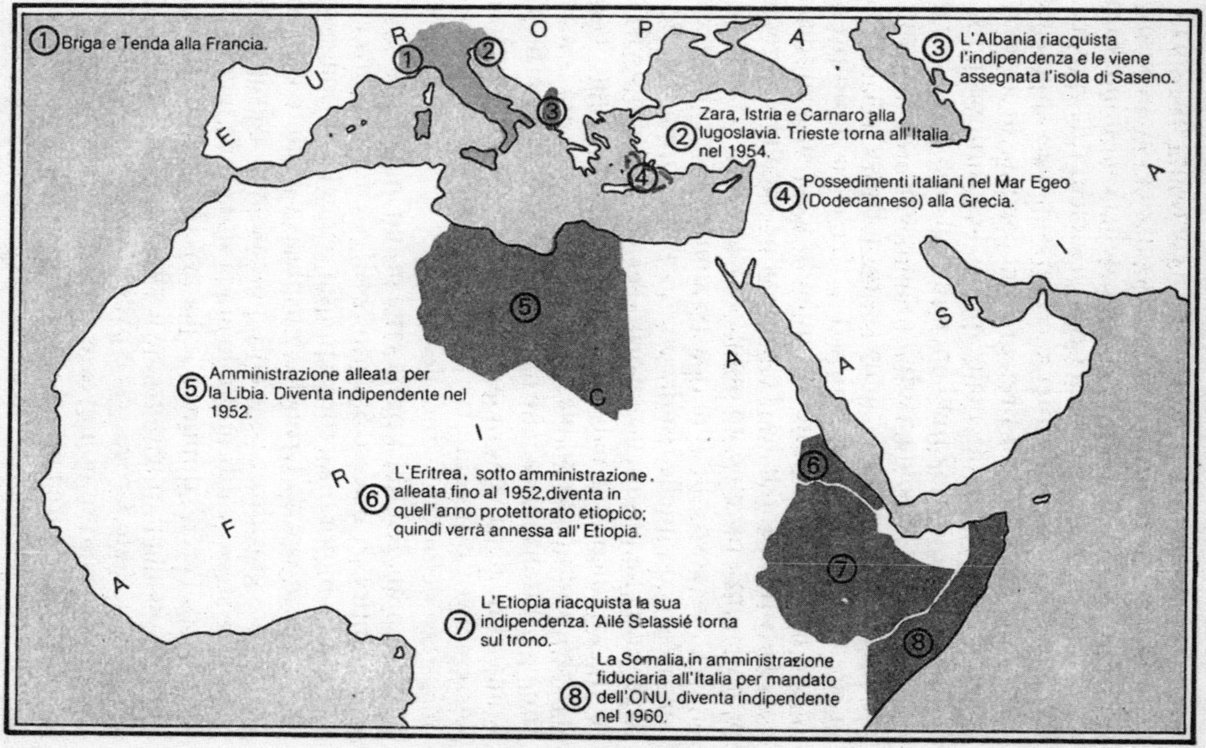

Il prezzo della sconfitta

esigenze della guerra fredda, vedeva con ottica diversa l'Italia e anche la Germania. Mosca procedeva nel consolidamento del suo impero, e già in Ungheria la minoranza comunista si era impadronita con la violenza del potere. In Grecia divampava la guerra civile, e gli Stati Uniti avevano surrogato la Gran Bretagna nel compito di sostenere quel bastione occidentale contro l'espansionismo di Mosca. Un profondo cambiamento: e all'ombra di esso, le solite miserie e la solita avidità umana. Così, ad esempio, abili trafficanti avevano ammassato a Briga e a Tenda grosse quantità di merci che in Francia avevano un prezzo più elevato per ottenerne, quando fosse stata ammainata la bandiera italiana, l'esportazione occulta e ingenti profitti, senza pagamento di diritti doganali.

Voci autorevoli in America recriminavano sull'errore commesso con quelle condizioni onerose. Sumner Welles deplorava che fosse stato favorito l'espansionismo sovietico in Adriatico, il senatore Lodge definì il trattato una «ignoble and unacceptable solution». Se questo era consolante per l'Italia, era anche imbarazzante per il governo di Roma: il quale si vedeva costretto a perorare davanti all'Assemblea Costituente la ratifica d'un trattato che i nemici stessi definivano ignobile.

Gli uomini dell'Italia prefascista erano in generale contro la ratifica. Francesco Saverio Nitti, estensore di una relazione di minoranza contrapposta a quella di maggioranza presentata da Gronchi, giustificava il rifiuto con un argomento giuridico. Le grandi potenze non avevano ancora, esse stesse, ratificato (tale era la situazione mentre si discuteva). Perché dunque l'Italia avrebbe dovuto precederle? Con alte parole espresse il suo dissenso, il 24 luglio 1947, Benedetto Croce: «Si è preso oggi il vezzo, che sarebbe disumano se non avesse del tristemente ironico, di tentar di calpestare i popoli che hanno perduto una guerra con l'entrare nelle loro coscienze e col sentenziare sulle loro colpe e pretendere che le riconoscano e promettano di emendarsi... Il governo italiano certamente non si opporrà all'esecuzione del trattato; se sarà necessario, coi suoi decreti o con qualche singolo provvedimento legislativo lo seconderà docilmente, il che non importa approvazione, considerato che anche i condannati a morte sogliono secondare docilmente nei suoi gesti il carnefice che li mette a morte. Ma approvazione, no». Con accento più acre Vittorio Emanuele Orlando, che pure aveva conosciuto nel '19 molte umiliazioni in una conferenza della pace alla quale partecipava come «grande» e vincitore, sferzava il governo. Ecco il passaggio più celebre del dibattito.

Orlando – Accettare in precedenza, senza alcun assillo, questa pace disonorante, significa porsi dinanzi ad una enorme responsabilità assunta per cupidigia di servilità...

Presidente – Invito l'onorevole Orlando a riprendere la parola affinché da ciò che egli dirà risulti il valore del suo pensiero.

Orlando – Chiarisco di avere inteso che la parola servilità qualifica l'atto e non le persone. Nessuno quindi può restare offeso.

Il testo ufficiale reca il termine servilità, mentre altre versioni – tra l'altro quella di Nenni nel suo diario – riferiscono che Orlando parlò di servilismo. La durezza del termine resta comunque intatta: e proprio quella durezza provocò una vera sollevazione dei democristiani, contrastati dalle sinistre. Lo scontro verbale degenerò in tumulto. E Nenni, per l'occasione nazionalista, se ne compiacque: «Nessuno toglierà a De Gasperi il marchio con cui Orlando l'ha bollato».

Il trattato fu ratificato il 31 luglio. Dapprima la Costituente respinse una «sospensiva» proposta da Corbino, quindi con duecentosessantadue voti favorevoli, sessantotto contrari, e ottanta astenuti approvò la ratifica, subordinandola a quella dei quattro «grandi». L'ultimo strascico di questa vicenda dolorosa fu provocato da una delle classiche impuntature di Enrico De Nicola. Citiamo da Bartoli: «Il Presidente rifiutò di firmare lo strumento di ratifica del Trattato di pace perché, diceva, la sua qualità di Capo soltanto provvisorio dello Stato non gli permetteva di consacrare con la sua firma un documento così importante. De Gasperi e Sforza andarono a Palazzo Giustiniani accompagnati dal segretario generale del ministero degli Esteri e da un esperto di storia diplomatica, il professor Mario Toscano, al quale toccò convincere il Presidente. La formula che Toscano propose era volutamente ambigua: da essa poteva sembrare che il Capo dello Stato, invece di ratificare il trattato, trasmettesse la ratifica compiuta dal governo. De Nicola lesse paragrafo per paragrafo il contenuto del documento contestandone ogni espressione e a un certo punto, irritato dalle repliche dell'esperto e dalle sue minute osservazioni legali, gettò per aria le carte, rosso in volto per la collera. Alla fine accettò di firmare. Ma rimandò di un giorno per evitare il venerdì».

CAPITOLO QUINTO
LA SVOLTA

Riesce difficile, in questi tempi di politica e diplomazia itineranti fino alla frenesia, capire l'importanza del viaggio di De Gasperi negli Stati Uniti, ai primi del 1947. Ma quella fu la sua vera consacrazione internazionale. L'invito era arrivato dalla rivista *Time* che aveva organizzato, a Cleveland, un «forum» sul tema: «Cosa si attende il mondo dagli Stati Uniti?». Si discusse, tra gli intimi di De Gasperi, se fosse opportuno e dignitoso che il Presidente del Consiglio italiano traversasse l'Oceano per partecipare a una riunione accademica e in qualche modo privata. Ma il problema venne risolto dall'ambasciatore italiano Alberto Tarchiani, che ottenne fosse rivolto a De Gasperi, insieme a quello di *Time*, un invito ufficiale dell'Amministrazione americana.

Le circostanze della visita non parevano, a tutta prima, le più favorevoli. De Gasperi era un Capo di governo che s'apprestava a firmare il duro trattato di pace; ed era anche un *leader* politico reduce da una cocente anche se parziale sconfitta elettorale. Il 10 novembre del '46 s'era votato per le amministrative in sei grandi città – Roma, Napoli, Genova, Torino, Firenze, Palermo –, e la Dc non aveva confermato il successo del 2 giugno, anzi: dovunque i suoi voti s'erano ridotti parecchio, in qualche caso alla metà o meno (a Roma da 218.000 a 103.000, a Napoli da 89.000 a 28.000, ad esempio). Questo calo era spiegato anche dallo scarso afflusso alle urne; ma c'era dell'altro. Come tendenza generale, i comunisti erano cresciuti a sinistra e i qualunquisti a destra. Nell'area di sinistra il Pci s'era nettamente avvantaggiato sui socialisti. Nenni aveva annotato: «Il peggiorato rapporto di forze tra noi e i comunisti è meritato. Negli ultimi tre mesi abbiamo offerto all'elettorato lo spettacolo delle nostre polemiche interne... Ho esaminato con Togliatti e De Gasperi i risultati elettorali. Il primo si rende conto che non deve tirar troppo la corda. De Gasperi è amaro. A destra lo hanno mollato perché cede ai comunisti. A sinistra perché è accusato di cedere al neofascismo. Cristo in croce».

Il segnale d'allarme era serio per la Democrazia cristiana. In Francia le elezioni politiche, indette per lo stesso giorno, avevano dato risultati analoghi. Trionfo comunista con 172 deputati, duro scacco dei socialisti ridotti da 118 a 93, e segni di logoramento del Mrp (che era la Democrazia cristiana francese), che gradualmente fu cancellato dall'orizzonte politico. La tattica del Pci – essere presente nel governo con esponenti di secondo piano, ma avere le mani libere per fare opposizione nel Paese – dava soddisfazioni a Togliatti, e dispiaceri a De Gasperi. Non erano ancora maturate le condizioni per lo «sbarco» dei comunisti dalla zattera del governo: ma già il 15 novembre Attilio Piccioni, intelligente, pigro e taciturno notabile della Dc, scriveva ai dirigenti periferici che «il tripartitismo non è stato una collaborazione ma una coabitazione forzata». La Dc di De Gasperi rifiutava d'essere considerata un partito conservatore, e anche di identificarsi totalmente con la Chiesa che, per bocca di Pio XII, tuonava il 22 dicembre in una grandiosa adunata di cattolici in Piazza San Pietro: «Dal suolo romano il primo Pietro, circondato dalle minacce di un pervertito potere imperiale, lanciò il fiero grido di allarme: resistete forti nella fede. Su questo medesimo suolo noi ripetiamo oggi con rinnovata energia: o con Cristo o contro Cristo; o per la sua Chiesa, o contro la sua Chiesa». Non era, o non era ancora per la

Dc, il momento della crociata. Si avvicinava tuttavia quello del divorzio dal Pci.

La spedizione americana ebbe un avvio difficile, per molti aspetti. Inclemente il tempo, che costrinse il Dc 6 Skymaster di De Gasperi ad atterraggi fuori programma. La figlia Maria Romana ha ricordato che, mentre l'aereo era sballottato dalla bufera, chiese al padre cosa pensasse. «Penso come farà Menichella (Menichella era il corpulento governatore della Banca d'Italia, *N.d.A.*) ad allacciarsi il paracadute. Nella prova che abbiamo fatto prima della partenza mi sono accorto che i paracadute sono studiati per i soli magri». E fredde le accoglienze a Washington il 5 gennaio. Delle personalità americane era presente il solo ambasciatore a Roma Dunn. Un po' poco.

Il Presidente del Consiglio italiano, che sperava d'essere salutato dal segretario di Stato Byrnes, ebbe un moto d'irritazione. «Se le cose vanno così – disse – questo viaggio, invece di aumentare il mio prestigio in Italia, rischia di distruggerlo.» Per la verità, non v'era alcuna intenzione scortese verso De Gasperi nell'assenza di Byrnes. Questi, malandato in salute e da tempo in contrasto con il Presidente Truman, era dimissionario (ne fu dato annuncio il giorno dopo) e prestava ormai agli affari del suo Dicastero scarsa attenzione: fu in questo stato d'animo che ricevette De Gasperi. Il colloquio durò una mezz'ora in tutto e fu generico. Ma la visita proseguì in crescendo, De Gasperi fu ricevuto alla Casa Bianca, vide molte personalità, e nel discorso al «forum» disse: «A Londra fui accolto come nemico, a Parigi fui riconosciuto belligerante, qui a Cleveland sono stato invitato come membro del Convegno internazionale dopo essere stato accolto a Washington e a Chicago come amico». De Gasperi ebbe finalmente l'onore della sfilata lungo la Broadway, dalla punta di Manhattan fino al palazzo del Municipio. Precedettero il corteo quaranta guardie a cavallo in uniforme, che scortavano la bandiera italiana. La folla era fitta, amichevole, plaudente.

Questo per l'aspetto celebrativo, una sorta di solenne riconciliazione tra due Paesi, ma soprattutto tra due popoli. Poi vi fu l'aspetto sostanziale, economico e politico. All'Italia occorrevano crediti. Li ottenne. Cento milioni di dollari dell'Export-import Bank, altri cinquanta milioni a compenso delle spese sostenute per le Forze armate americane in Italia. Non erano cifre da capogiro, basta pensare che nel maggio del 1946 la Francia aveva ottenuto un prestito di un miliardo e 370 milioni di dollari. Ma quei fondi erano indispensabili all'economia italiana (furono puntualmente rimborsati).

Si disse allora, e si ripetette insistentemente negli anni successivi, che Washington aveva premuto su De Gasperi perché estromettesse le sinistre dal governo, e che anzi la promessa di questa svolta era stata condizionante per la concessione degli aiuti economici. Di ciò non v'è traccia nei documenti ma si può obbiettare che non vi sarebbe nemmeno se qualche intesa in proposito fosse esistita. Con tutta probabilità la sollecitazione americana non fu perentoria, e s'intrecciò a un proposito che De Gasperi già maturava per ragioni interne. Del resto, in contrasto con le tesi di suoi compagni che attribuivano a ordini americani il comportamento successivo di De Gasperi, Giorgio Amendola scrisse che «erano le forze interne, capitalistiche, conservatrici, che volevano riassumere il pieno controllo del governo per far fronte allo sviluppo del movimento operaio». Certo la guerra fredda, che non era stata ancora dichiarata, si stava delineando, e l'Unione Sovietica imponeva un po' dovunque, con colpi di Stato o elezioni addomesticate, i «blocchi del popolo» (eufemismo per indicare l'egemonia comunista) nei Paesi occupati dall'Armata Rossa.

L'Occidente doveva reagire. Rientrando dagli Stati

Uniti, De Gasperi spiegò che i suoi interlocutori americani avevano insistito sulla «stabilità e sul consolidamento del regime democratico italiano» e l'avevano esortato a sottrarre la sua azione «alle manifestazioni e agli atteggiamenti in contrasto con la collaborazione governativa». Non ci poteva essere equivoco: il riferimento era ai socialcomunisti, e ai comunisti in particolare.

Ma, quali che fossero state le insistenze americane, e le intenzioni di De Gasperi, un avvenimento cui sia gli americani sia i democristiani erano estranei spinse comunque alla crisi ministeriale, anche se non a un giro di boa politico. Quell'avvenimento fu la scissione socialista.

Abbiamo usato il termine «estranei», per i democristiani: che tuttavia, sia ben chiaro, non furono indifferenti né assenti. Per quel poco o quel molto che poteva, De Gasperi aveva contribuito ad attizzare le divisioni, in campo socialista, incitando Saragat a dar vita ad un partito «con cui alla Democrazia cristiana fosse possibile collaborare». L'avventato Nenni agevolò gli sforzi della Dc. Tentando di confondere le acque, e di far credere che nelle amministrative si fosse avuto un successo di sinistra – s'era avuto un successo comunista soltanto – lanciò uno dei suoi prediletti *slogans* «dal governo al potere», lasciando trapelare il proposito di emarginare la Dc in declino. Era quanto di meglio De Gasperi potesse aspettarsi per allarmare i moderati e legittimare ogni suo irrigidimento. Togliatti capì il pericolo insito nell'azzardata proposizione nenniana, e le diede una cauta «interpretazione autentica», spiegando che non si doveva credere che la formula «dal governo al potere» significasse l'abbandono, da parte di comunisti e socialisti, del metodo democratico. «Se riusciremo a conquistare la maggioranza in Parlamento, noi intendiamo collaborare lealmente con la Dc.»

Ma nello stesso momento in cui attenuava alcune impostazioni di Nenni, Togliatti approfondiva le fratture socialiste prendendo di mira ripetutamente, e con grande asprezza, Saragat e i suoi compagni di corrente. «Non è forse premio sufficiente alla fatica dell'onorevole Saragat – scriveva Togliatti sull'*Unità* – il fatto che (un suo articolo) gli abbia valso la simbolica concessione della tessera ad honorem del Movimento dell'Uomo Qualunque?» A questo punto, paradossalmente, gli scopi di De Gasperi e gli scopi di Togliatti coincidevano. La scissione socialista faceva comodo ad entrambi per ragioni di fondo identiche. Sia i comunisti, sia i democristiani, volevano avere al loro fianco, come alleato, un Partito socialista che fosse in posizione subalterna, indebolito, e affidabile. Per meglio controllare, nel Partito socialista, i settori «fusionisti», il Pci vi aveva sparso degli «infiltrati», comandati in missione. Lo hanno scritto Bruno Corbi e Fabrizio Onofri, due dirigenti comunisti (attingiamo le citazione dalla *Storia del dopoguerra* di Antonio Gambino). Ha rivelato Corbi che «di tanto in tanto, quando un giovane particolarmente capace mostrava il desiderio di iscriversi al Pci, il consiglio che gli veniva dato dai dirigenti comunisti era invece di indirizzarsi verso i socialisti». E Onofri: «La presenza del Pci all'interno del Psiup era desiderata sia da coloro che si richiamavano alla linea Togliatti sia da coloro che si richiamavano alla linea Secchia. Per questi ultimi l'infiltrazione tra i socialisti era una delle tante mosse con cui ci si preparava all'ora X. Per Togliatti e per i togliattiani, che non credevano all'ora X, era invece solo un mezzo per garantirsi contro uno slittamento socialdemocratico del Psiup».

Nel Congresso di Firenze le fazioni socialiste avevano raggiunto un compromesso faticoso e fragile, che resse dalla primavera all'autunno del '46. Poi i contrasti divamparono. Su posizioni autonomiste erano i riformisti di *Critica sociale*, legati alla tradizione turatiana, e i massimalisti anticomunisti di *Iniziativa socialista*, capeggiati da Mario

Zagari. La coalizione saragatiana voleva un Partito socialista che «da retroguardia del bolscevismo diventasse avanguardia della democrazia». A sinistra stava Lelio Basso, risoluto a seguire in tutto e per tutto – anche nel doppio giuoco – i comunisti. Nenni, che era per l'unità d'azione con i comunisti pur senza aderire totalmente alle tesi di Basso, non credeva che la scissione potesse avere conseguenze devastanti. Un giorno Sandro Pertini l'andò a trovare, presenti Ignazio Silone e Fernando Santi, e fu colpito dall'abulia di Nenni. «Il nostro colloquio quasi subito assunse un tono molto violento. Ai miei tentativi di scuoterlo, Nenni rispondeva stancamente, con frasi quasi ironiche, dicendo che dal partito se ne sarebbero andati via quattro gatti: e infatti qualche giorno dopo, in un discorso pubblico, pronunciò la famosa frase dei rami secchi. Gli risposi allora bruscamente che si ingannava in modo grossolano... La discussione assunse un tono così concitato, e tutti e due gesticolavamo a tal punto, che più tardi gli uscieri andarono a riferire, erroneamente, che Nenni e io eravamo venuti alle mani.»

Sicuro di sé, Nenni indisse un congresso anticipato del partito, dal 9 al 13 gennaio (1947). Era preparato – senza molto turbamento, forse con una punta di soddisfazione – al distacco degli autonomisti. «Dietro – malignò nel suo diario – ci sono Vaticano e America, con i quali non credo si faccia un partito socialista, ma si fa però una scissione.» Quando, nell'Aula magna dell'Università di Roma, si aprirono i lavori, vari esponenti di *Critica sociale* sedevano tra i delegati. Mentre *Iniziativa socialista* aveva deliberato di ignorare il Congresso, i riformisti erano invece, al proposito, molto divisi. Nel pomeriggio stesso del 9 gennaio Matteo Matteotti lesse, a nome degli oppositori, una dichiarazione che invalidava il Congresso. In quelle ore a Palazzo Barberini si radunavano Saragat e i suoi. Il giorno successivo – mentre nel Congresso il fusionista Tolloy proclamava spavaldamente «per cinquantamila borghesi che se ne vanno, cinquecentomila nuovi aderenti operai», e Angelica Balabanoff era subissata di fischi per aver attaccato Lenin e Stalin – veniva tentata *in extremis* una mediazione. Ne fu protagonista Sandro Pertini, direttore dell'*Avanti!*, che andò a Palazzo Barberini (lo accolsero, quando arrivò, con applausi fragorosi e grida di «Sandro, Sandro», perché credevano volesse unirsi ai dissidenti). Pertini, che ostentava disperazione per le lacerazioni, e minacciava addirittura il suicidio se alla scissione si fosse arrivati, propose un compromesso, respinto dapprima dall'assemblea, poi anche da Saragat, ln un lungo faccia a faccia tra i due dirigenti socialisti.

La mattina dell'11 gennaio, Saragat annunciò di persona, al Congresso socialista, la decisione del suo gruppo. L'Italia aveva ormai due partiti socialisti: il Psi (Nenni e i suoi avevano riesumato questa storica sigla, nel timore d'esserne defraudati dai secessionisti) e il Psli, Partito socialista dei lavoratori italiani. I quattro gatti cui aveva accennato Nenni furono invece, sul piano parlamentare, quasi la metà del partito. Su 115 deputati del Psiup alla Costituente, 52 si schierarono con il Psli: tre di essi erano nel governo (il ministro del Lavoro e della Previdenza sociale Ludovico D'Aragona e i sottosegretari all'Interno e all'Industria e Commercio, Angelo Corsi e Roberto Tremelloni).

Rientrato a Roma dagli Stati Uniti, De Gasperi trovò questa situazione nuova: e ne trasse le conclusioni con una spicciatività per lui inusitata, rassegnando le dimissioni del governo, il 20 gennaio, senza neppure aver convocato il Consiglio dei ministri. È difficile dire se mirasse, fin da allora, a estromettere i comunisti, o se volesse procedere a un più modesto aggiustamento. Questa seconda ipotesi pare più verosimile anche perché – mancando la firma del trattato di pace – gli conveniva associare a quella decisione impopolare quante più forze politiche potesse. Si può supporre dunque che avesse in mente un allargamento del governo anche a partiti e uomini che ne erano fuori: azionisti, liberali, indipendenti. Il che gli avrebbe consentito sia di diluire la presenza socialcomunista, sia di avere un maggior sostegno.

Ma i suoi propositi risultarono vani. Bonomi e Carandini, a destra, non vollero la Difesa e gli Esteri, Riccardo Lombardi (segretario generale del Partito d'azione), cui era stato proposto il Tesoro, declinò a sua volta l'offerta. Intanto Nenni, per non essere scavalcato a sinistra dal Psli che era per l'uscita dal governo, si dimetteva da ministro degli Esteri e cercava di alzare il prezzo della collaborazione del suo partito: tra l'altro pretendeva una legge «per la difesa della Repubblica», il ripristino del controllo statale sull'import-export, un'imposta straordinaria patrimoniale, il cambio della moneta, un piano di ammasso dei generi di prima necessità. Più flessibili, al solito, i comunisti, anche se un articolo di Togliatti («Il tamburino e il tamburo») insinuava che le dimissioni fossero state «se non imposte, per lo meno suggerite con insistenza dall'estero, e precisamente dagli esponenti di quei circoli politici americani che si erano affollati intorno a lui (De Gasperi) durante il viaggio negli Stati Uniti».

La crisi approdò sostanzialmente a una riedizione del tripartito, con in più il repubblicano indipendente Sforza (dopo 25 anni d'intervallo) agli Esteri, Scelba all'Interno, tre dicasteri ai socialisti e tre ai comunisti. Il numero delle poltrone era stato ridotto da 21 a 16, e le sinistre, la cui presenza era numericamente rispettata (da 8 i loro ministri si erano ridotti a 6, il che era adeguato al totale dei Ministeri) avevano tuttavia perduto gli Esteri e le Finanze. I saragatiani passarono all'opposizione. Una tempesta in un bicchier d'acqua, stando alle apparenze. De Gasperi, partito per licenziare i comunisti, aveva ottenuto alla fin fine il risultato opposto, ossia quello di licenziare i saragatiani. Ma si trattava soltanto d'una scaramuccia d'avanguardie, in attesa della vera battaglia.

Si ha la sensazione che De Gasperi si rendesse pienamente conto di questa realtà, e che invece Togliatti, ingannato forse dalla sua stessa sottigliezza, e abituato a risolvere i problemi con accordi di vertice, si facesse delle illusioni. La sua condotta in quei mesi obbedì alla convinzione che, mancando in Italia le condizioni che avevano dato il monopolio del potere, all'Est, ai «blocchi del popolo», la collaborazione tra cattolici e comunisti dovesse durare indefinitamente. Solo così si spiega il voto comunista in favore dell'inserimento dei Patti lateranensi del 1929 nella Carta costituzionale. Il tema dei rapporti tra la Chiesa e lo Stato, affrontato alla Costituente in sede di commissioni, vi aveva suscitato scontri aspri tra i democristiani e i «laici». La bozza dell'articolo 7 – originariamente, per l'esattezza, era l'articolo 5 – era stata oggetto di controversie, per la forma e per la sostanza. Già la dizione della sua prima parte, «lo Stato e la Chiesa cattolica sono, ciascuno nel proprio ordine, indipendenti e sovrani», era parsa opinabile, perché sanciva l'ovvio, e perché, secondo i critici, introduceva nella Costituzione un problema di rapporti bilaterali che doveva rimanerne fuori. Ma su questo punto i comunisti cedettero presto. Resistette invece fino all'ultimo la disputa sulla seconda parte dell'articolo, nella quale si riconosceva che i rapporti tra Chiesa e Stato erano regolati dai Patti lateranensi. In tutti i settori non confessionali dell'Assemblea s'era avuta una sollevazione contro questo avallo dei Patti che non solo portavano la firma di Mussolini, ma contenevano norme difficilmente difendibili in un'ottica liberale: come quelle che discriminavano tra la religione cattolica e gli altri culti, o che limitavano i diritti civili degli spretati, e così via (norme, si può rammentare, che il nuovo Concordato, firmato dal cardinale Casaroli e da Craxi nel 1984, ha abolito). Furono tentate formule di compromesso («I rapporti tra Stato e Chiesa sono regolati in termini concordatari»), ma i democristiani le respinsero. Erano indotti a questo atteggiamento rigido sia dalla loro convinzione di credenti, sia dai pesanti interventi della Gerarchia. Una lettera del presidente dell'Azione Cattolica, Vittorino Veronese, a De Gasperi aveva toni poco meno che ricattatori. Veronese pronosticava reazioni fortemente negative della massa elettorale «qualora i democristiani dimostrassero perplessità, anche solo di forma, su un problema fondamentale», si riferiva a un «desiderio preciso della stessa autorità ecclesiastica» (leggi di Pio XII), esprimeva «un monito a tutti i deputati, a qualunque partito appartengano e che facciano professione di cattolicesimo, perché ricordino lo stretto dovere di coscienza di votare secondo i princìpi cattolici». De Gasperi si risentì del tono intimidatorio, e chiosò la lettera in questi termini: «Ho fatto capire che se queste cose le hanno da dire, le devono dire direttamente, e che non accettavo intimazioni di questo stile, benché contro la sostanza non abbia obbiezioni».

Il Pci pareva saldamente installato nella trincea del no all'articolo 7. Solo nell'imminenza del voto i deputati comunisti alla Costituente seppero che Togliatti aveva rovesciato la sua strategia. Vi fu sconcerto, e il *leader* comunista convocò il gruppo parlamentare per spiegare il voltafaccia. I più si adeguarono subito, inchinandosi alla autorità intellettuale e politica di Togliatti. Tre rimasero fermi nel rifiuto fino all'ultimo. Il vecchio militante Fabrizio Maffi che scongiurò Togliatti di non umiliarlo obbligandolo a votare con i preti, Concetto Marchesi che rivendicò per l'occasione la sua autonomia, e chiese di essere liberato dalla disciplina di partito, e infine la moglie stessa del «Migliore», Rita Montagnana. Nella discussione fu detto tra l'altro, per legittimare l'assenso all'articolo 7, che nel Pci v'era la presenza di un ottanta per cento almeno di cattolici, e che le smanie laicistiche erano «piccolo-borghesi». Insieme ai dirigenti la virata togliattiana colse di sorpresa la base. Vittorio Gorresio raccontò sull'*Europeo* che il giorno dopo il voto in molte sezioni comuniste erano ancora affisse caricature di Mussolini e del cardinale Gasparri congiuranti per intrappolare gli italiani.

Nulla lascia supporre che vi sia stato tra De Gasperi e Togliatti un qualsiasi previo patteggiamento. È anzi verosimile che De Gasperi preferisse avere una maggioranza assicurata dall'Uomo Qualunque, e non «inquinata» dai comunisti. Molti deputati democristiani si resero conto dell'atteggiamento comunista solo mentre Togliatti pronunciava il suo discorso alla Costituente, nel pomeriggio del 25 marzo 1947. Andreotti ha riferito che Togliatti l'incaricò d'informare De Gasperi del sì comunista un'ora prima della seduta a Montecitorio. L'articolo 7 passò così con 350 voti favorevoli e 149 contrari. A favore anche Nitti Orlando, Bonomi, Sforza, i notabili del prefascismo. Poi Togliatti spiegò a Lelio Basso – ed era, lo si vide presto, una profezia non azzeccata – che con quel voto «il Pci si era assicurato il posto al governo per i prossimi venti anni».

In epoca molto successiva il *leader* comunista diede una motivazione più articolata: «Ci fu una dichiarazione di voto di De Gasperi immediatamente precedente alla mia – disse – in cui egli fece chiaramente intendere che se l'articolo col richiamo ai Patti lateranensi fosse stato respinto, sarebbe stato chiesto e deciso un secondo referendum, e in un secondo referendum la Repubblica sarebbe stata probabilmente battuta perché sarebbe cambiata la posizione della Democrazia cristiana». Nenni – che con i socialisti aveva votato contro – diede una sua interpretazione: «Togliatti ha ragionato così: "De Gasperi ci dichiara guerra: Nenni non l'accetta ed è vero che per fare la guerra bisogna essere in due. Ma per dichiararla basta uno solo. Per toglievi il pretesto di dichiararci la guerra, votiamo con voi l'articolo 7". È cinismo applicato alla politica. Ma non è il cinismo degli scettici, ma di chi ha un obbiettivo e non vede altro. È la svolta di Salerno che continua, applicata questa volta alla chiesa e ai cattolici. Togliatti crede così di salvaguardare dieci, venti anni di collaborazione con la Democrazia cristiana. Mi sembra un calcolo sbagliato da cima a fondo. Sono lieto di avere votato no». L'*Unità* presentò la decisione comunista con questo titolo: «Il più alto esempio di responsabilità nazionale – Per la pace religiosa e l'unità dei lavoratori i comunisti accettano di votare l'articolo 7». Tutto sommato anche Piero Calamandrei attribuì un valore positivo alla mossa togliattiana che aveva «spezzato in mano ai democristiani l'arma più potente che questi stavano affilando contro di loro per la prossima lotta elettorale», ossia l'additarli come nemici della religione.

Furono insomma in pochi, fra gli stessi protagonisti, a capire che, nonostante la spregiudicatezza e le furberie di Togliatti, il tripartito formato da Dc, Pci e Psi viveva in Italia la sua ultima stagione, così come sull'orizzonte internazionale viveva la sua ultima stagione l'altro tripartito formato da Stati Uniti, URSS e Gran Bretagna (la Francia figurava tra i «grandi», ma la sua era una presenza onoraria). L'insediamento di Truman alla Casa Bianca non vi aveva portato solo un cambio di persona: vi aveva portato un cambio di mentalità. Alla arrendevolezza rooseveltiana alle mosse e ai disegni di Stalin, era succeduta una diffidenza profonda, e ampiamente legittimata dai fatti. Il 12 marzo 1947, Truman pronunciò davanti al Congresso (Senato e Camera dei rappresentanti riuniti in seduta straordinaria) il discorso che dichiarava la guerra fredda. L'occasione per questa storica presa di posizione gli era stata offerta dagli avvenimenti greci. In quel paese la guerriglia comunista, alimentata dalla Iugoslavia ancora fedele a Mosca (a ridosso del confine greco-iugoslavo esistevano campi di addestramento e «santuari» per gli *andartes*, i ribelli greci), metteva a dura prova il governo di Atene, che reagiva con durezza, in un seguito di botte e risposte sanguinose. Tradizionalmente la Grecia era sotto la tutela degli inglesi, che tuttavia non avevano né i mezzi né – con un governo laburista – una gran voglia di reggere a quello sforzo immane. Sulla scia della Grecia anche la Turchia, secondo Washington, correva pericoli.

Truman enunciò allora un programma che assunse il nome di «dottrina Truman» e che, razionalizzato e ideologizzato da George Kennan qualche mese dopo, diede luogo alla teoria del *containment*, il «contenimento». Dovunque l'URSS manifestasse propositi espansionistici, gli Stati Uniti si sarebbero opposti. «Non potremo raggiungere i nostri obbiettivi – disse Truman – se non siamo disposti ad aiutare i popoli amanti della libertà nel mantenere le loro libere istituzioni e la loro libera integrità nazionale contro i movimenti aggressivi che cercano di imporre i propri regimi totalitari.» Truman chiese al Congresso di stanziare 400 milioni di dollari per la Grecia e 100 per la Turchia, la millesima parte di quanto la guerra era costata agli Stati Uniti, «un investimento per la libertà e la pace» perché «i semi dei regimi totalitari prosperano nella miseria e nel bisogno». Con ciò gli USA diventavano di fatto una potenza anche mediterranea. Bollata dalla stampa comunista come reazionaria e bellicista, assimilata all'imperialismo tedesco, la «dottrina Truman» era la risposta occidentale alla dottrina Stalin nell'Europa dell'Est. Due giorni prima del discorso era cominciata a Mosca una conferenza dei ministri degli Esteri dei «grandi» che avrebbe dovuto definire i trattati di pace tedesco e austriaco, e che si concluse il 24 aprile senza aver adempiuto il suo compito perché ormai due blocchi si fronteggiavano. Gli Stati Uniti vi furono rappresentati dal nuovo segretario di Stato, il generale George Marshall, Capo di Stato Maggiore delle Forze armate durante la guerra: un militare equilibrato, ma senza dubbio più energico del suo predecessore Byrnes.

Fu in sintonia con la «dottrina Truman» che il Dipartimento di Stato accentuò il suo interesse per le vicende italiane, che non erano tali da confortare Washington. Il 20 e 21 aprile (1947) si votò in Sicilia per eleggere l'Assemblea regionale, e i segni di logoramento denunciati dalla Dc nelle amministrative di novembre si aggravarono. In percentuale, i democristiani passarono dal 33,6 al 20,5 per cento dei voti, il Blocco del popolo, che includeva comunisti, socialisti, e Partito d'azione, s'impennò dal 21 a più del 30 per cento. Con le «politiche» alle viste (si credeva in quel momento che sarebbero state indette per l'ottobre successivo), nella Dc si diffuse un'ansietà molto simile al panico. Scelba riteneva che «andare alle elezioni politiche con un governo comprendente il Pci sarebbe stato da tutti i punti di vista un suicidio. Forse ancora più dei dirigenti centrali, erano quelli periferici ad avere nettissima questa sensazione. Per De Gasperi, che d'altra parte neppure lui aveva dubbi in proposito, si trattava solo di scegliere le circostanze più adatte per condurre in porto con successo questa operazione». Lo sprone americano non era dunque necessario. Tuttavia Marshall fu esplicito, in un messaggio all'ambasciatore a Roma James Dunn, nel chiedergli se De Gasperi non si proponesse di abbandonare la guida del governo «o di formare un governo senza l'estrema sinistra, nella speranza di migliorare le prospettive della Democrazia cristiana». Nella sua risposta Dunn sottolineò: «Io sono convinto che nessun miglioramento delle condizioni di qui può avvenire con un governo composto come quello attuale. I comunisti, che sono rappresentati nel Gabinetto da un gruppo di uomini di secondo piano, fanno tutto il possibile, al di dentro e al di fuori del governo, per provocare la crisi e il caos econonico...».

De Gasperi ruppe gli indugi il 28 aprile (1947) con un discorso radiodiffuso che si prestava a varie letture, ma nel quale era inequivocabile un messaggio: la composizione del governo doveva esser cambiata, se possibile con un allargamento che coinvolgesse tutte le categorie produttive nella gestione del Paese. Il Presidente del Consiglio deplorò la febbre speculativa da cui era pervasa l'Italia: «Dattilografe e fattorini giocano in Borsa. Chi ha roba non vende, un feroce istinto egoistico e antisociale si impadronisce degli animi pavidi... La speculazione freddamente calcolatrice gioca al rialzo, nasconde le merci, trafuga all'estero valute e gioielli, e attende in agguato la crisi nella criminosa speranza di farsi ricca nella miseria generale». Ma accanto alla denuncia del parassitismo affaristico vi fu l'accusa agli alleati sleali che tradivano il dovere della solidarietà «nell'amministrazione dello Stato e nella legislazione della cosa pubblica», vi fu l'appello «a tutti coloro che avevano idee perché si facessero avanti per una collaborazione concreta», e vi fu la conferma d'una sostanziale fiducia negli italiani protagonisti di «uno sforzo rinnovatore che stupisce gli stranieri». La vitalità italiana era impressionante e caotica, con sintomi degenerativi, l'inflazione aveva assunto un ritmo vertiginoso (oltre il cinquanta per cento di aumento del costo della vita dall'agosto '46 all'aprile '47) e come sempre accade venivano duramente penalizzate le categorie a reddito fisso. V'era, al solito, concordia sulla entità preoccupante del fenomeno e discordia sui mezzi con cui avrebbe dovuto essere combattuto. I «monetaristi» come il governatore della Banca d'Italia Einaudi e il presidente della Confindustria Costa imputavano alla emissione di carta moneta, imposta dagli oneri statali, la colpa maggiore per il degrado della lira: e suggerivano misure «ortodosse», come la riduzione delle spese governative e l'abolizione di alcune misure sociali molto costose per l'erario e non altrettanto benefiche, prima tra tutte il prezzo politico del pane. Le sinistre insistevano invece sull'aspetto speculativo dell'inflazione, e propugnavano una tassazione più severa, controlli sulle manovre di importazione ed esportazione che consentivano di accantonare capitali all'estero, calmieri, tesseramenti differenziati, un controllo globale dello Stato sulla produzione. Probabilmente la ricetta «liberista» peccava di scarsa fantasia e di miopia conservatrice, ma sicuramente la ricetta di sinistra apparteneva al magazzino degli espedienti dirigisti che già imperavano allora e hanno continuato a imperare nelle cosiddette democrazie popolari, con i risultati che tutti conosciamo.

Se De Gasperi aveva posto, con il discorso del 28 aprile, le premesse per la svolta, – e tutto induce a credere che così fosse – ricevette senza dubbio incoraggiamento da quanto stava accadendo in Francia. Il 30 aprile il governo presieduto da Ramadier (socialista), e che includeva cinque ministri comunisti, dovette decidere se accettare o no le richieste salariali dei 20 mila operai della Renault, scesi in sciopero. Ramadier era per il rifiuto, e la «delegazione» comunista abbandonò, in segno di protesta, un Consiglio dei ministri. Quando due giorni più tardi i comunisti votarono contro il governo all'Assemblea nazionale, la frattura delle sinistre ebbe la sua definitiva sanzione. Il Presidente Auriol reincaricò Ramadier che il 9 maggio formò un governo senza i comunisti.

In Italia l'attenzione dell'opinione pubblica – e dei politici – si era intanto spostata da Roma alla Sicilia, per l'eccidio di Portella delle Ginestre. In quella località vicina a Piana dei Greci si erano radunati il primo maggio operai e contadini che celebravano la festa del lavoro. «È un luogo – scrisse Nenni nel suo diario – circondato quasi da venerazione perché lì parlò Nicola Barbato, nel 1894, per festeggiare il Primo Maggio. Cominciava a parlare il vecchio compagno Schirò quando dai monti si è aperto il fuoco sulla pacifica folla contadina. Dapprima i manifestanti hanno creduto a fuochi di gioia, i mortaretti tanto in uso nell'isola. Poi sono caduti i primi muli e i primi cristiani.» Si contarono dieci morti e decine di feriti. Le sinistre individuarono subito nel massacro una «risposta degli agrari ai risultati elettorali del 20 aprile», Scelba negò poco convincentemente la matrice politica dell'episodio; solo con un ritardo di anni si poté accertare che della sparatoria era stata responsabile la banda Giuliano, e che i mandanti andavano cercati nei vertici mafiosi e reazionari. Il 2 maggio alla Costituente che discuteva dell'eccidio vi furono scontri e pugilati tra le sinistre da una parte, i qualunquisti e i monarchici dall'altra.

La tragedia siciliana rallentò di poco, senza interromperla, l'evoluzione politica. In Consiglio dei ministri, il 7 maggio, De Gasperi ebbe accenti drammatici: «Il volto del governo è straziato – ammonì – uomini e partiti non hanno ancora la sensazione di come sia gravissima la realtà, quasi tragica, sia per il presente che per l'avvenire». Era un altro sasso nello stagno, la conferma che De Gasperi aveva deciso.

Come avveniva allora e sempre dopo d'allora è avvenuto nella Dc, vi furono attorno al *leader* defezioni e mormorazioni. Ha raccontato Andreotti: «È assolutamente vero che durante i primi quattro mesi del '47 la maggioranza dei dirigenti periferici e anche nazionali della Dc aveva richiesto a gran voce una rottura immediata e definitiva con il Pci. Ma quando tra la fine di aprile e l'inizio di maggio ci si rese conto che De Gasperi aveva imboccato appunto una simile strada, il coraggio di molti venne meno. Il loro timore, non ingiustificato, era di dover fronteggiare non tanto un tentativo di colpo di Stato quanto un'ondata di disordini che, paralizzando il Paese, avrebbe cercato di obbligare la Dc a ritornare al tripartito, infliggendole una sconfitta politica che sul piano elettorale avrebbe avuto conseguenze disastrose. Il risultato fu che al momento della scelta definitiva De Gasperi si trovò quasi solo. Una volta che, ai primi di maggio, lo andai a trovare nel suo studio, la sua disperazione per le incertezze del partito era tale che, lo ricordo benissimo, a un certo punto smise di parlare e, appoggiandosi con la fronte contro lo stipite di una finestra, rimase a lungo in silenzio. Quando si voltò di nuovo verso di me, mi accorsi che aveva gli occhi pieni di lagrime». De Gasperi stesso, scrivendo a Tarchiani, ambasciatore a Washington, a crisi risolta, spiegherà più tardi: «Ho passato ore mortalmente pericolose. Mi sentivo solo, abbandonato anche da molti amici, e solamente la coscienza di lavorare per il Paese mi ha sostenuto. Se costì non si comprende quale sforzo io abbia compiuto per il bene dell'Italia e della pace, se non mi si appoggerà in pieno in questa svolta pericolosa, sarà vano sperare in ritorni».

Gli diedero una mano, per decidere nel senso da lui voluto, i soliti imprudenti socialisti. Nitti aveva chiesto che la Costituente discutesse, nella seduta del 13 maggio, la situazione economica e finanziaria. De Gasperi non voleva quel dibattito, che prometteva di dilungarsi per settimane e di condizionare poi le sue decisioni; ma nemmeno poteva rifiutarlo. Senonché i socialisti avvertirono che al dibattito non si doveva arrivare senza un chiarimento della situazione ministeriale, e che comunque il Psi non avrebbe accettato uno spostamento a destra dell'equilibrio politico del Paese. Era quanto occorreva a De Gasperi per convocare, la sera del 12 maggio, la direzione democristiana, ottenerne l'assenso per l'apertura della crisi, e poi darne notizia a De Nicola che si era dichiarato nettamente ostile a una crisi extraparlamentare. Dopo le consultazioni di rito

De Nicola, contrario a un reincarico a De Gasperi, affidò a Nitti il tentativo di formare un nuovo governo.

Molti videro in questo passaggio di mano l'avvio al tramonto della Dc come partito cardine della politica italiana, o almeno al tramonto di De Gasperi. Secondo Nenni «De Gasperi non ha più credito nel Paese, non ne ha nell'Assemblea, ne ha poco nel suo stesso gruppo». Nitti era sugli ottanta, ma li portava abbastanza bene. La sua fama di economista brillante fece sì che la Borsa reagisse con un deciso rialzo all'annuncio della designazione. Si poteva dunque supporre che fosse acquisito, per lui, l'appoggio delle destre, e meno facile quello della Dc e delle sinistre. Saragat gli aveva subito dichiarato guerra, per antipatia personale. E Togliatti era molto cauto, subodorando l'inanità del tentativo. Vi fu un primo inceppamento perché la cosiddetta Piccola Intesa, ossia i «laici» (ma senza i liberali), rivendicava una sorta di affidamento a scatola chiusa della gestione economica, con Riccardo Lombardi a Finanze e Tesoro, Tremelloni a Industria e Commercio, Ivan Matteo Lombardo al Commercio con l'estero, Ugo La Malfa all'Agricoltura. Nitti venne volta a volta accusato di voler cedere troppo a destra e di voler cedere troppo a sinistra (a Nenni raccontò l'aneddoto di un conte francese che nello stesso giorno aveva subìto due processi, uno intentatogli dalla moglie per impotenza, l'altro intentatogli da una ragazza per stupro). Orlando, di sette anni più anziano ma con rancori e ambizioni non ancora placati, litigò con lui. Andreotti, che era in visita ad Orlando, ebbe occasione di orecchiare una conversazione tra i due vegliardi. «Partendo dai loro contrasti sulla situazione attuale, cominciarono a rinfacciarsi i loro rispettivi comportamenti negli anni dell'avvento del fascismo, e infine a insultarsi nei termini più crudi e volgari» (dalla *Storia del dopoguerra* di Antonio Gambino). Il 21 maggio Nitti annunciò che il suo «compito di pacificazione» era fallito. Una missione esplorativa affidata a Orlando fu ancora più breve, e naufragò in un giorno. Il 23 maggio – era un venerdì – De Nicola non prese iniziative, per scaramanzia, e il 24 maggio reincaricò De Gasperi.

Quando De Gasperi riprese in mano il bandolo della matassa infuriava una polemica virulenta tra Togliatti e Sumner Welles, già sottosegretario di Stato di Roosevelt. In un'intervista radiofonica questo personaggio di spicco aveva accennato alla grande disponibilità di mezzi finanziari dei comunisti italiani, aggiungendo che la loro fonte era sicuramente Mosca. Togliatti sfidò Sumner Welles a provare le sue affermazioni. Se non l'avesse fatto sarebbe stato considerato «mentitore e calunniatore» dalle persone oneste di tutto il mondo. Non contento di questa intimazione, espressa in un telegramma, Togliatti dedicò agli americani un articolo sull'*Unità* dal titolo inequivocabile (e abbastanza volgare): «Ma come sono cretini». Togliatti era in malafede. Il mentitore era lui, non Sumner Welles le cui affermazioni rispondevano rigorosamente a verità. Il Pci era sovvenzionato da Mosca, in varie forme, e continuò ad esserlo per molti anni. (Quando nel 1954 scoppiò lo scandalo Seniga – questo stretto collaboratore di Pietro Secchia, che aveva in mano l'organizzazione del partito, scappò con la cassa, suppergiù seicento milioni di allora – Togliatti non inoltrò alcuna denuncia alla magistratura, né accusò pubblicamente il transfuga. Lasciò lo scandalo sotto silenzio, perché sapeva di non poter giustificare la provenienza di quegli ingenti fondi.) Ma il *leader* comunista, flessibile e perfino remissivo quando sapeva d'aver ragione, diventava aggressivamente spavaldo quando era in torto: una tattica appresa senza dubbio a Mosca, e che la diplomazia dell'URSS segue da decenni.

Negli Stati Uniti gli insulti di Togliatti suscitarono sensazione forse di proposito ostentata, e il governo affettò freddezza verso una delegazione ufficiale italiana che vi si trovava per discutere accordi commerciali. Può darsi che si trattasse di una manovra concordata con De Gasperi, proprio allo scopo di dimostrare che i comunisti non dovevano restare al governo. Procedendo nei colloqui politici a Roma, De Gasperi volle soprattutto far capire ai suoi interlocutori che una riedizione del «tripartito» era impossibile. Il 26 maggio vide Togliatti, presente Sforza che, conoscendo le intenzioni del Presidente, commentò: «Dunque è la guerra». Togliatti era disposto a scusarsi in qualche modo per la violenza delle sue dichiarazioni. «Non ti facciamo difficoltà per il Ministero – disse –, ma non tolleriamo esclusioni perché allora ci confesseremmo fuori della nazione.» La risposta del *leader* democristiano fu formulata morbidamente, ma con sufficiente chiarezza per chi volesse capire. Disse che «si tratta del pane» (ossia che premevano i problemi economici per la cui soluzione era indispensabile l'aiuto statunitense) e che la nuova situazione sarebbe stata di «breve periodo». Lasciò insomma balenare a Togliatti la eventualità di un ritorno al governo non appena la burrasca fosse passata. Probabilmente Togliatti ci credette. Di sicuro non sospettò, allora, che il passaggio all'opposizione del Pci dovesse diventare un dato definitivo e irrevocabile della politica italiana.

Tra il 27 e il 30 maggio De Gasperi tessé la sua tela, assillato da remore e perplessità di democristiani anche di primo piano (tra gli altri Piccioni e Pella). Pervenne così alla formazione di un Ministero monocolore democristiano integrato da due liberali, Einaudi (vicepresidente) per il Bilancio e Grassi per la Giustizia, e quattro indipendenti: Sforza rimasto agli Esteri, Merzagora al Commercio estero, Corbellini ai Trasporti, Del Vecchio al Tesoro. Un Ministero, essenzialmente, di democristiani e di tecnici; fuori tutti gli altri. Ma tra i tutti, quelli che contavano erano i socialisti e più ancora i comunisti. Anche se non molti se ne avvidero (Nenni ebbe, una volta tanto, buon fiuto scrivendo: «Avremo un governo col doppio avallo del Vaticano e dell'America... il fatto mi pare di una gravità senza precedenti») la virata era di portata storica. Togliatti, che un po' se l'era voluta, o l'aveva accelerata, non fece per il momento la voce grossa. Il 21 giugno, alla Costituente, il governo «passò» con 274 voti favorevoli, 231 contrari. Quando già pareva che, varato il Ministero, le acque politiche potessero rimanere calme almeno per un po', De Nicola provvide ad agitarle annunciando che si dimetteva. Non stava molto bene, era corrucciato per gli itinerari tortuosi che la crisi di governo aveva seguito, e infine era stato preso da uno dei suoi scrupoli legalitari: la Costituente s'era autoprorogato il mandato, e De Nicola riteneva che, stando così le cose, dovesse confermarlo anche a lui, rimasto con investitura di dubbia validità. La conferma ci fu, con una votazione quasi plebiscitaria, e il Capo provvisorio dello Stato, più sereno ma ancora stanco, si rintanò a Torre del Greco per un periodo di meditazione e di riposo.

CAPITOLO SESTO

LA LINEA EINAUDI

Caratterizzato sul terreno politico dal licenziamento delle sinistre, il monocolore allargato di De Gasperi lo fu, sul terreno economico, dalla «dittatura» di Luigi Einaudi. Al professore piemontese che s'era appartato dall'insegnamento e dalla vita pubblica durante il ventennio littorio, De Gasperi aveva delegato la supervisione dell'economia: una materia nella quale egli s'addentrava malvolentieri, e svogliatamente, disposto sovente – come tutti i politici «puri» – a forzarne le regole per esigenze di grande o anche di piccola cucina governativa e parlamentare.

Einaudi era invece uno dei più grandi economisti europei, «liberista» di sicuri convincimenti, espressi, quando gli capitava di scriverne, in articoli e saggi dal linguaggio un po' antiquato ma dalla chiarezza cristallina. Avversava i programmi dirigisti delle sinistre – che sognavano di coniugare l'espansione produttiva con una selva di vincoli politici e assistenziali – ma non era disposto ad agevolare il ruggente *boom* nel quale era facile avvertire un che di malsano.

Il presidente della Confindustria, Angelo Costa, era schierato senza esitazioni al lato di Einaudi, e della sua severità. Ma a moltissimi imprenditori il degrado della lira – con i salari impegnati nella consueta vana rincorsa dei prezzi – non era dispiaciuto: più d'uno lo considerava la molla della ripresa. Proprio nei mesi di massima inflazione – tra il giugno del '46 e il giugno del '47 – le fabbriche, ripristinate in buona parte la loro attrezzatura e la loro efficienza, lavorarono a ritmo intenso. Nel volgere di un anno la produzione automobilistica triplicò, quella del cotone e della lana superò i livelli d'anteguerra. Le quotazioni azionarie salivano quasi di pari passo, tutti compravano e vendevano in Borsa. «Se nessun avvenimento e nessun provvedimento verranno a guastare l'attività delle Borse – scrisse la *Rivista Bancaria* – l'anno 1947 segnerà una data di cospicuo rilievo nella nostra economia industriale e produttiva.»

Questa spinta impetuosa era però inquinata dalla febbre speculativa. Infatti, lo ha rilevato Franco Catalano, «ad un aumento della circolazione di 20 volte rispetto al 1938 corrispondeva un aumento dei prezzi di 50 volte, il che stava ad indicare che la svalutazione della moneta derivava non tanto dall'aumento del circolante, quanto piuttosto da quella che gli economisti dicevano velocità di circolazione, e le sinistre speculazione». Einaudi non intendeva certo porre ostacoli alla ripresa: ma intendeva correggerne le degenerazioni, quel surriscaldamento che si traduceva in inflazione. Gli ambienti finanziari avevano ben valutato, fin dall'inizio, le implicazioni negative della linea Einaudi: tanto che la Borsa ne accolse l'avvento non con un rialzo, ma con una flessione.

I provvedimenti che abolivano il prezzo politico del pane e aumentavano vari prezzi pubblici – gas, poste, ferrovie, elettricità – erano impopolari, ma non potevano essere evitati se si voleva che il deficit di bilancio – mille miliardi di uscite, cinquecento di entrate – fosse un po' attenuato. Inoltre il cambio ufficiale del dollaro fu portato da 225 a 350 lire: ben lontano dal cambio «libero» che, toccata una punta di 972 lire quando la sfiducia nella lira era massima e l'inflazione galoppante, si era assestato sulle 600 lire. A fine anno ogni controllo sul cambio venne comunque abolito. Ciò favorì le esportazioni – le nostre merci risultarono più convenienti per i compratori – ma fece lievitare i prezzi dei prodotti importati. Sempre nella direttrice «liberista» Cesare Merzagora consentì, con le norme sul «franco valuta», che fosse autorizzata l'importazione di merci, senza alcuna pastoia burocratica, utilizzando fondi esistenti all'estero. A chi gli chiedeva ragione di questa impunità concessa agli esportatori di capitali, Merzagora replicò che la sua era una «guerra ai disertori», ma fatta con l'allettamento, non con le punizioni. I risultati gli diedero ragione e ci valsero 100 milioni di dollari d'importazioni franco valuta nel solo quarto trimestre del 1947.

Tutto questo andava ottimamente per gli imprenditori. Andava molto male invece la stretta creditizia che Einaudi deliberò. Portò il tasso di sconto dal 4 al 5,5 per cento, prescrisse che le banche investissero importanti aliquote dei depositi bancari in titoli di Stato o in conti speciali fruttiferi presso la Banca d'Italia, inaridì insomma il flusso di denaro che fino a quel momento aveva finanziato l'industria. I titoli crollarono, tra il settembre e l'ottobre del 1947 si ebbero perdite di oltre la metà del loro valore di mercato, con il massimo del 91 per cento per la Breda, del 74 per cento per l'Isotta Fraschini, del 75 per cento per Pirelli e Fiat. All'inflazione seguirono sintomi di deflazione, con un calo dei prezzi all'ingrosso, tra il settembre e il dicembre del 1947, dell'8 per cento circa, e un analogo decremento del costo della vita. La produzione industriale si contrasse, la disoccupazione salì da meno di due milioni d'unità a oltre due milioni e mezzo. La terapia Einaudi era dura, amara, inflessibile; scontentò i settori più audaci o più avventurosi del mondo imprenditoriale, provocò proteste di massa, con vaste agitazioni dei metallurgici e dei tessili, e uno sciopero contadino in Val Padana che trovava paragoni per la sua ampiezza e compattezza solo negli scioperi agricoli del precedente dopoguerra.

La linea Einaudi non si sarebbe imposta, quali che fossero le qualità e l'autorità del suo assertore, se non avesse obbedito a esigenze interne e a esigenze internazionali, politiche ed economiche, che non possiamo fare a meno, a questo punto, di riassumere.

Il mondo si stava dividendo in due blocchi, e in quello occidentale il «la» ad ogni iniziativa era dato dagli Stati Uniti che reggevano i cordoni della borsa. La loro potenza economica, che era immensa, s'era moltiplicata nel raffronto con l'impoverimento dell'Europa. Era nell'interesse di Washington che gli amici europei si rialzassero dalla rovina: per costituire un fronte contro il comunismo, ma anche per offrire un mercato ai prodotti americani. Gli USA erano perciò disposti ad aiutare largamente gli europei, ma a certe condizioni, che furono precisate il 5 giugno.

Quel giorno il generale Marshall annunciò, in un discorso al circolo dei laureati dell'Università di Harvard, che gli Stati Uniti si proponevano di sostituire un progetto organico ai loro frammentari aiuti. «È evidente – disse – che prima che il governo degli Stati Uniti possa ulteriormente proseguire i suoi sforzi per alleviare la situazione e avviare il mondo europeo verso la rinascita, si dovrà raggiungere un accordo tra i Paesi europei in merito alle necessità della situazione e alla parte che questi Paesi stessi dovranno svolgere... Il programma dovrebbe essere unico e costituire il risultato dell'accordo fra parecchie, se non fra tutte, le nazioni europee.»

L'invito era dunque esteso all'intera Europa dall'Atlantico agli Urali: e nel momento in cui con la «dottrina Truman», si consolidavano i fronti contrapposti dell'Est e dell'Ovest, il «piano Marshall» pareva, nella formulazione se non nelle intenzioni, un estremo tentativo di collaborazione e di intesa mondiale. Bevin per la Gran Bretagna e Bidault per la Francia aderirono prontamente e invitarono il loro collega sovietico, Molotov, a una conferenza che definisse l'atteggiamento dell'Est nell'ambito europeo. Molotov accettò. Non è dato sapere se l'abbia fatto solo per la vetrina, o con il serio proponimento di valutare i pro e i contro. Se recitò, non lesinò nella messinscena. Portò con sé a Parigi, per la Conferenza che s'aprì il 27 giugno, 4 ministri plenipotenziari, 18 consiglieri ed esperti, 17 segretari e traduttori, 56 ausiliari. Tutto questo solo per arrivare a un *niet*. «I crediti americani – disse Molotov – servirebbero non a ricostruire l'Europa, ma a porre una parte dei Paesi europei in antagonismo con gli altri Paesi europei, cosa che potrà apparire vantaggiosa a quelle potenze che aspirano a dominare gli altri Paesi. Il governo sovietico crede di dover mettere in guardia i governi francese e britannico contro le conseguenze di una tale azione, che tenderebbe non a unire gli sforzi dei Paesi europei nell'opera di ricostruzione post-bellica, ma a realizzare dei propositi completamente diversi.»

Con prevedibile docilità, anche se con molto segreto rammarico, quelli che già erano i satelliti del Cremlino si adattarono ad una decisione della quale si deve riconoscere la logica politica. Mosca impedì ai russi e ai popoli vassalli di profittare d'una offerta che certo non era totalmente disinteressata, ma che avrebbe consentito di dare slancio enorme alla ricostruzione. Ma non poteva scegliere altra strada. Sicuramente gli Stati Uniti avrebbero chiesto, per dare i loro quattrini, adeguate garanzie: prima fra tutte quella che i dollari prestati o regalati non fossero utilizzati per fabbricare armi rivolte contro gli Stati Uniti. Una trattativa di questo tipo sarebbe stata per l'URSS frustrante, e inconcludente.

Il 3 luglio Bevin e Bidault diramarono un nuovo invito a 22 Paesi, ridotti a 16 per la forzata defezione di Polonia, Ungheria, Romania, Iugoslavia, Bulgaria e Cecoslovacchia. I sedici formularono entro settembre (1947) un rapporto che spiegava come dovessero essere destinati i ventidue miliardi di dollari in quattro anni previsti dal piano

Marshall: ma quel rapporto non piacque troppo a Washington dove lo si considerò «una semplice lista di acquisti» il cui costo sarebbe stato sopportato dall'America, senza l'effettiva indicazione di una «sia pur minima collaborazione economica continentale». Il Congresso diffidò e si mostrò restìo ad approvare il piano: ma quando, nel febbraio del '48, il mondo fu scosso dal colpo di Stato cecoslovacco, la procedura ebbe una spinta decisiva. Il 3 aprile del '48 fu autorizzata da Truman la concessione di sei miliardi di dollari per il primo anno.

L'America aveva finalmente e per sempre capito quale fosse l'interpretazione che Stalin voleva dare agli accordi di Yalta. Al riparo dell'Armata Rossa, nei Paesi da questa occupati, i dirigenti comunisti s'impadronivano di tutte le leve del potere, mantenendo in funzione dei governi di fittizia «unità nazionale», ma cancellando ogni opposizione, e anche ogni timida dissidenza. Si celebravano riti elettorali che non erano ancora le farse totalitarie del 99 per cento dei voti ai comunisti, ma già rovesciavano, con pressioni e intimidazioni d'ogni genere, i veri rapporti di forza. Il 31 agosto del 1947, quando s'era votato in Ungheria, la coalizione socialcomunista aveva raccolto il 37 per cento dei suffragi, e il Partito dei piccoli proprietari – esule dal maggio Ferenc Nagy – era precipitato dal 57 al 14 per cento. Quasi negli stessi giorni il Partito nazionale contadino era stato messo fuori legge in Romania, e il Partito agrario fuori legge in Bulgaria dopo la condanna a morte di Petkov. In settembre fu deliberato in Cecoslovacchia il patto d'unità d'azione tra Partito comunista e Partito socialista, e infine il 17 febbraio 1948 il *leader* comunista Gottwald prese le redini del governo in Cecoslovacchia. Il ministro degli Esteri di quel paese, Jan Masaryk, che pure si era «allineato» al nuovo corso, ma era tormentato dai più cupi pentimenti e presentimenti, morì misteriosamente il 10 marzo successivo «cadendo» da una finestra del Palazzo Czernin, dove aveva l'ufficio. Secondo la versione ufficiale, tutt'altro che persuasiva, si era tolto la vita per un grave collasso nervoso.

Questo rosario di colpi di mano e di usurpazioni ebbe una cornice politica: il Cominform, risorto dalle ceneri del defunto Comintern nel quale Palmiro Togliatti aveva avuto un ruolo di primo piano. Il Cominform raggruppò solo una parte dei Partiti comunisti che erano affiliati al Comintern (o Terza internazionale), sciolto da Stalin nel maggio del 1943. Oltre ai Partiti comunisti dell'Europa orientale furono invitati a parteciparvi – unici rappresentanti dell'Occidente – gli italiani e i francesi. Dubbio onore concesso – fu spiegato ufficialmente – «perché (Francia e Italia) sono i paesi che al momento attuale sono più minacciati dalle mire aggressive dell'imperialismo e che più possono fare per respingere la sua offensiva». La verità è che a Stalin i Partiti comunisti minori – belga, spagnolo, inglese e così via – in quel momento non interessavano. Dal Cominform, che teoricamente aveva il compito di coordinare lo scambio di informazioni tra Partiti comunisti, Stalin pretendeva in realtà una diligente esecuzione delle sue direttive. Alla guerra fredda di Truman il dittatore sovietico rispondeva con un irrigidimento cui veniva dato – per il tipico gusto sovietico della mascheratura verbale – il nome di «offensiva di pace».

Il conclave comunista si radunò a Szklarska Poreba, una località polacca della Slesia ex-tedesca, nei pressi di Breslavia. Non vi intervennero i «grandi», a cominciare da Stalin. I delegati erano tuttavia autorevoli: Zdanov e Malenkov per l'URSS, Kardelj e Gilas per la Iugoslavia, Duclos e Fajon per la Francia, Slanskj (poi condannato a morte e giustiziato) e Bastovanshky per la Cecoslovacchia, Gomulka (il perseguitato di qualche anno dopo) e Minz per la Polonia, altri personaggi di analogo rango per Ungheria e Bulgaria. Togliatti designò Eugenio Reale e Luigi

Longo. L'invito era stato indirizzato a lui. Ma – sia che subodorasse le critiche di cui sarebbe stato subissato in Polonia, sia che ritenesse troppo modesto il livello degli altri partecipanti – si schermì dicendo che non se la sentiva d'affrontare un viaggio così faticoso. Raccomandò ai suoi «ambasciatori» di mettere in rilievo la funzione dirigente dei comunisti nella lotta partigiana nonché la forza numerica del partito.

Zdanov diede l'avvio ai lavori nella villa – normalmente adibita a casa di riposo per funzionari di polizia, e vigilata da migliaia di soldati e agenti – in cui si tenne la Conferenza: e disse che i popoli amanti della libertà avevano «l'importantissimo compito di assicurare una pace democratica e duratura, consolidando la vittoria sul fascismo». Un compito nel quale «spetta all'Unione Sovietica e alla sua politica estera una funzione dirigente». Quanto ai Partiti comunisti italiano e francese, erano impegnati a «prendere nelle loro mani la bandiera della difesa dell'indipendenza nazionale e della sovranità dei rispettivi Paesi». Si era ancora alle generali. Il peggio, per Reale e Longo, venne dopo. Il «revisionismo» italiano e francese aveva fatto, nell'ottica di Stalin, il suo tempo. Soprattutto, il duttile e disponibile Togliatti, l'uomo della svolta di Salerno e della alleanza con i cattolici, doveva essere riconvertito alla durezza. Fedele ad una collaudata tecnica sovietica, Zdanov non pronunciò personalmente la requisitoria. L'affidò ai compagni iugoslavi i quali, per rancore anti-italiano oltre che per ortodossia ideologica, non chiedevano di meglio. Kardelj attaccò Togliatti che non riusciva ad essere «un capo che trascina il suo popolo», fece del sarcasmo sull'affermazione togliattiana secondo la quale un tentativo rivoluzionario avrebbe fatto dell'Italia un'altra Grecia («La situazione greca è migliore, dopotutto, di quella francese e italiana»), osservò che la politica di unione nazionale aveva un senso là dove il Partito comunista era egemone, non là dove s'imponeva una vera «collaborazione con i partiti borghesi». Anche i francesi ebbero la loro razione di pesanti critiche. Longo reagì, ha testimoniato Eugenio Reale, «con dignità e con una certa quale fierezza», Duclos «come un piccolo bottegaio colto a rubare sul peso».

Comunque i delegati italiani firmarono docilmente la dichiarazione finale, che significava una svolta in senso intransigente della politica comunista. L'ombra di Stalin giganteggiava sulla Conferenza, per sua dettatura fu deciso che la testata del giornale del Cominform sarebbe stata *Per una pace durevole, per una democrazia popolare*, non proprio un esempio di concisione ed efficacia. «Stalin – ha scritto Bocca nella sua biografia di Togliatti – si occupa di tutto, decide tutto. La sera stessa in cui si chiude la conferenza gli italiani, che versano in difficili condizioni economiche, chiedono al delegato sovietico Scevliaghin che si occupa dei partiti italiano e francese di procurare un finanziamento per l'*Unità*, e Stalin per telefono approva l'acquisto da parte russa di 20 mila tonnellate di aranci e limoni: un funzionario iugoslavo verserà la cifra della mediazione al compagno Paolo Robotti, incaricato dal Pci per queste delicate operazioni.»

Tramontava, con la nascita del Cominform, il disegno delle vie nazionali al socialismo. Il Cominform, ha ammesso Giancarlo Pajetta, «pesò sui Partiti comunisti dell'Europa occidentale. Molti ne furono come schiacciati». E Alessandro Natta: «Senza dubbio la costituzione del Cominform introduce un elemento di contraddizione e di freno». L'atto finale della Conferenza, oltre a contrapporre la democratica Unione Sovietica agli imperialisti americani, si scagliò con virulenza contro «la politica di tradimento fatta dai socialisti di destra del tipo Blum in Francia, Attlee e Bevin in Inghilterra, Schumacher in Germania, Saragat in Italia. Costoro si sforzano di dissimulare il carattere brigantesco della politica imperialista».

In questo clima, e sotto le sferzate ammonitrici del tiranno di Mosca, il Pci, che già aveva largheggiato in servilismo e adulazione verso l'Unione Sovietica e Stalin, divenne un organismo dalle reazioni pavloviane. Nero e bianco, inferno e paradiso, tutto il male del mondo a occidente, tutto il bene a est. I notabili del partito battevano l'URSS e i suoi satelliti, e ne tornavano – stando ai loro discorsi e ai loro articoli – con il cuore gonfio di gioia per ciò che vi avevano visto, e nello stesso tempo gonfio di amarezza per il contrasto tra quella serena letizia e le sofferenze del popolo italiano. La pubblicistica comunista raggiunse rari vertici di piaggeria, che sarebbe stata a malapena tollerabile se si fosse in qualche modo avvicinata alla verità, ma diventava ripugnante perché consapevolmente falsa. Il tono e lo stile surclassavano, in certezza fideistica e tracotanza inquisitoria, i peggiori eccessi clericali (non ne mancavano).

Ogni aspetto della società sovietica – negli anni staliniani – era esaltato. In un libro pubblicato nel 1978 (*I primi della classe*) Ruggero Guarini e Giuseppe Saltini raccolsero un florilegio insieme divertente e avvilente degli inneggianti spropositi espressi non da incolti braccianti e operai – essi erano anzi le vittime della gigantesca mistificazione – ma da politici, intellettuali, giornalisti: alcuni tra loro poi tardivamente «pentiti». Concetto Marchesi, grecista illustre, scriverà senza arrossire che «l'opera di Stalin è opera liberatoria da qualunque oppressione: da quella che fa l'uomo schiavo della fame e della fatica a quella che lo fa strumento e oggetto di rovina». Gastone Manacorda ironizzerà su chi aveva dei dubbi circa la correttezza delle grandi purghe staliniane degli anni Trenta: «Sembra incredibile che ancora possa avere qualche successo il mito di questi processi, quando ormai il carattere di quinta colonna nazista della congiura bukhariniano-trotzkista è larghissimamente documentato da fonti non sospette». Per Lucio Lombardo Radice «è assurdo voler porre il problema dell'indipendenza nazionale nei confronti dell'URSS allo stesso modo in cui lo si pone nei confronti dei Paesi imperialisti. Non può esistere timore, sospetto di oppressione nazionale del Paese del socialismo a danno di altri popoli». Dello stesso Lombardo Radice questa memorabile sentenza: «La scuola nell'Unione Sovietica è civiltà che si sviluppa: a noi, che viviamo in una civiltà che agonizza, tutto ciò sembra quasi fiabesco!». I biechi capitalisti non prendono sul serio un saggio linguistico di Stalin? Togliatti li mette in riga: «Non ci soffermeremo sul preteso scandalo di Stalin che scrive sui rapporti tra il marxismo e la linguistica, perché non riusciamo a capire chi con più competenza avrebbe dovuto scriverne, chiudendo una polemica durata anni e anni, se non Stalin che è, e nessuno vorrà negarlo, il più competente e autorevole dei marxisti».

Se questo era folklore, la polemica più propriamente politica del Pci fu, dopo la creazione del Cominform, un riverbero preciso del «nuovo corso» dettato da Stalin. Ne derivarono imbarazzi per i socialisti, alleati dei comunisti, prima scavalcati a destra, ora scavalcati a sinistra, e Nenni osservava il 7 ottobre 1947: «Salvo un fatto nuovo, si avvera che stiamo per essere sospinti a essere cento per cento o con l'Occidente o con l'Oriente, ciò che per noi è impossibile». Unica consolazione per i socialisti la confluenza nel Psi del Partito d'azione, nel frattempo defunto – ne riparleremo – anche ufficialmente.

In parallelo con il «gelo», si deteriorava in Italia la situazione sociale. Sempre più frequenti erano le manifestazioni violente, gli scontri, gli spargimenti di sangue. Nenni registrava allarmato il propagarsi di questa torbida inquietudine. «12 novembre. Una ventata di terrorismo si è abbattuta sull'Alta Italia e particolarmente su Milano. Si è cominciato con le bombe alle sedi comuniste cui sono seguite misure di rappresaglia che a loro volta hanno provocato altri attentati. Un cerchio infernale. Ieri a Mediglia un agrario ha sparato su degli operai uccidendone uno ed è stato linciato. Stamattina una bomba è stata lanciata contro una sede comunista a Milano. Ne è seguito uno sciopero generale con devastazioni di giornali e di sedi del Msi, dei qualunquisti ecc... 13 novembre. L'ondata di violenza dilaga. A Napoli oggi ci sono stati grossi incidenti. Così a Livorno, nel Salernitano, a Palermo ecc. Sedi di organizzazioni di destra e giornali sono presi d'assalto. Il ministro Scelba ha risposto oggi a ben undici interrogazioni. Non supponevo in lui tanto cinismo e una così scarsa sensibilità politica. 14 novembre. Nel Paese la situazione è sempre molto tesa e si temono gravi incidenti a Cremona. Insomma l'atmosfera del '21, con la differenza che siamo più forti d'allora.»

Più che De Gasperi, per le sinistre il nemico era Scelba, ministro dell'Interno, anzi, secondo la locuzione che esse preferivano, ministro di polizia. De Gasperi dettava le grandi strategie, e in questo fu insuperabile. Einaudi reggeva il timone dell'economia. Ma il peso della accentuata pressione comunista, che si traduceva in moti di piazza (e alla quale si contrapponevano i rigurgiti fascisti) lo sopportò per intero questo avvocato non ancora cinquantenne.

Siciliano come don Sturzo, del quale era stato fedele seguace e affettuoso discepolo, antifascista senza tentennamenti, repubblicano, fermo nelle sue idee – non voleva la firma del trattato di pace, e lo disse chiaramente – Scelba non aveva paura d'aver coraggio. Il che ne faceva un democristiano anomalo, un muro tra tanti materassi di gommapiuma. Di statura un po' inferiore alla media, ma quadrato di spalle e dal gestire risentito, quasi completamente calvo anche in età giovanile, gli occhi piccoli, neri e mobilissimi, il volto pallido rotondetto e dalla pelle lucida e tirata sul quale si inseguivano continuamente espressioni fugacissime di divertimento, stupore, irritazione, Scelba replicava agli attacchi che in un Parlamento tumultuante gli venivano rivolti, con forte accento siciliano, ma anche con un linguaggio scarno, aderente alle cose: ciò che Nenni scambiava per cinismo. Affermava, quasi ostentava il diritto dello Stato a difendersi. Per la ragion di Stato era pronto anche a mentire – lo si vide nel caso Giuliano –, mai però a tradire il suo dovere.

Con la sua polizia ancora «infiltrata» da elementi partigiani che erano elementi comunisti, con la sua Celere raccogliticcia, Scelba aveva l'immane compito di fronteggiare non soltanto i pericoli presenti, ma quelli potenziali. Ci voleva del fegato. Con trent'anni di anticipo sull'Argentina, l'Italia fu allora la patria dei *desaparecidos*. Togliatti non voleva fare la rivoluzione, ma alcuni dei suoi – Pietro Secchia in particolare, lo vedremo – sì. Togliatti lasciava comunque che i militanti «duri» credessero alla possibilità d'una risolutiva lotta armata. Il partito parallelo, e l'«esercito popolare» parallelo, avevano inquadramento e armi. Soffitte, scantinati, fienili erano zeppi di fucili, mitra, pistole, bombe a mano. Poteva bastare una scintilla per appiccare l'incendio e trasformare l'Italia, se non in una Polonia o in una Cecoslovacchia, almeno in una Grecia. Scelba calamitò l'odio delle sinistre, e in un certo modo si compiacque di farlo, lasciando agli «amici» della Dc, che di amicizia gliene mostrarono sempre pochissima, il lusso dei «dialoghi». Incappò, proprio per questo suo carattere spigoloso, in errori e grossolanità: mai in slealtà. Non aveva la stoffa dello statista, e lo si vide quando, scomparso De Gasperi, resse il governo: ma in abbinata con De Gasperi, fu uno dei pilastri della Democrazia cristiana e anche della democrazia *tout court*. La rivolta armata non ci fu, ma le sue «prove generali» sarebbero bastate per sprofondare nel panico un uomo meno forte: la prima fu la cosiddetta «guerra di Troilo», a Milano, della quale ci occuperemo subito.

CAPITOLO SETTIMO

LA GUERRA DI TROILO

Ettore Troilo, ufficiale di complemento, avvocato, militante del Partito d'azione, era stato un valoroso comandante di formazioni partigiane della Maiella. Le benemerenze resistenziali l'avevano abilitato a ricoprire la carica di Prefetto di Milano quando Riccardo Lombardi se n'era tolto, nel gennaio del 1946, per assumere il Dicastero dei Trasporti nel primo governo De Gasperi.

Lombardi aveva posto come condizione, per allontanarsi da Milano, che la Prefettura passasse non a un funzionario di carriera, ma a un altro politico antifascista. Troilo, piccolo, garbato, con folti capelli scuri e occhi un po' sporgenti in un volto facilmente atteggiato alla stupefazione, non aveva né la stoffa del prefetto né quella del politico. Erano stati gli avvenimenti a portarlo nel palazzo di corso Monforte, e lui se ne lasciava trascinare dimostrando un certo buon senso, ma anche una certa mollezza: quanto sarebbe bastato a farlo galleggiare in tempi di ordinaria amministrazione, ma non bastava proprio in quei mesi infuocati. Era ansioso di garantirsi – dopo tanti sommovimenti e tanti rischi – un tranquillo futuro personale: scoprì invece, all'improvviso, d'essere diventato un Simbolo, incarnazione della Resistenza dell'Antifascismo, della Democrazia, tutto in maiuscolo.

La poltrona su cui sedeva era scomoda. In Lombardia la tensione era grande, e le masse di sinistra, tra le quali si annidavano minoranze che praticavano la violenza sanguinaria e volevano la rivoluzione, mordevano il freno. L'episodio di Giorgio Magenes – dirigente qualunquista che assediato nella sua cascina presso Mediglia, aveva ucciso uno degli assalitori, ed era stato poi linciato – portò il fermento al di sopra del livello di guardia. I moderati chiedevano il siluramento del Prefetto che non aveva saputo prevenire l'attacco al Magenes, né far intervenire con tempestività le forze dell'ordine quando la folla si era scatenata; le sinistre inscenavano manifestazioni eccitate – una imponente, il 13 novembre (1947), in Piazza del Duomo a Milano – contro «i delitti e gli assassinî dei fascisti». In questo clima esacerbato la rimozione dalla Prefettura più importante d'Italia – anche più della Prefettura di Roma, meno autonoma perché controllata a vista dal governo – dell'ultimo Prefetto politico sarebbe stata considerata dal Pci ufficiale, e ancor più dalla sua struttura parallela e clandestina, una sfida: la definitiva archiviazione dei «valori della Resistenza». Probabilmente Troilo, attento soprattutto al suo «particulare», non capì tutto questo. Se lo capì, ne fu più impaurito che affascinato. E preferì tagliare la corda.

Sulla circostanza delle dimissioni esistono due versioni. Secondo la prima – che fu la versione di Scelba – Troilo ambiva da tempo ad essere trasferito nei ranghi della diplomazia. Il 18 ottobre (1947) aveva inviato a De Gasperi una lettera nella quale lo pregava «di voler considerare da oggi a sua disposizione il posto che occupo», accennava al fatto che «il lavoro massacrante e le responsabilità che mi oberano mi hanno letteralmente esaurito», si impegnava a non dare la notizia della sua rinuncia finché non fosse stato designato un successore, e si augurava di poter ancora servire il Paese «in Patria o all'estero». De Gasperi – cui non pareva vero, nel suo piano restauratore, di liquidare l'ultimo Prefetto politico – si adoperò presso il ministro degli Esteri Sforza, che trovò a Troilo un incarico, pare all'ONU. Stando a quanto Scelba dichiarò poi alla Costituente, Troilo s'era detto felice della sistemazione «diplomatica», e anzi il 27 novembre aveva telefonato al sottosegretario agli Interni Marazza per sollecitare l'avvicendamento. Marazza ne avvertì Scelba, e Scelba chiese al Prefetto di Torino Ciotola se fosse disposto a trasferirsi a Milano. Ottenuto l'assenso comunicò il «movimento» alle agenzie di stampa senza aver l'accortezza di sottolineare che Troilo lasciava il posto a sua richiesta, e dopo varie sue insistenze.

Assai diversa la versione di sinistra, raccontata da Miriam Mafai nel suo *L'uomo che sognava la lotta armata* (una biografia di Pietro Secchia). La Mafai afferma che De Gasperi aveva ripetutamente tentato d'indurre Troilo alle dimissioni. «Ma Troilo non era disponibile ed anzi, di fronte a una lettera di deplorazione che gli giunge da Scelba, reagisce con una protesta sdegnata al Presidente del Consiglio. Ormai la testa di Troilo è diventata per Scelba una questione di principio, ma la sua permanenza a Milano è diventata una questione di principio anche per tutte le forze democratiche della città che promuovono a suo favore manifestazioni, cortei, ordini del giorno.»

La versione di Scelba, anche se burocratica e riduttiva, è di gran lunga più attendibile per quanto riguarda l'atteggiamento di Troilo, che aveva accettato – lo confermò egli stesso – di passare dalla Prefettura a un'ambasciata e che, placata la sommossa milanese, penosamente insistette per essere accontentato. Egli divenne un emblema resistenziale suo malgrado. Fu costretto ad esserlo dalla animosità e dai rancori dei comunisti, nonché dalla retorica di chi si accodava a loro: come il sindaco socialista Antonio Greppi, un galantuomo emotivo, verboso ed enfatico, che inviava a De Gasperi un appello drammatico: «Troilo resti a Milano: le parlo in nome della città, voglio sperare che la città verrà ascoltata». Ma la fragilità del motivo invocato dalle sinistre sarà retrospettivamente confermata da Nenni che nel suo diario (in data 1 dicembre) scriverà: «C'è molto fermento nelle fabbriche ma si cerca il modo di tirare i remi in barca. I nostri sono caduti in una provocazione di Scelba. Se nel suo primo comunicato il ministro avesse pubblicato la lettera di dimissioni di Troilo, e avesse fatto conoscere la sua destinazione a un posto diplomatico, nessuno si sarebbe mosso di fronte all'intesa, o al mercato, fra il governo e il suo rappresentante».

Dopo la deliberazione del Consiglio dei ministri che nominava Ciotola, la protesta assunse presto i connotati di un'insurrezione, o almeno di una pre-insurrezione. Sotto la spinta comunista si formò a Milano, nella notte tra il 27 e il 28 novembre, un Comitato cittadino, reviviscenza dei Comitati di liberazione nazionale, si dimise Greppi, si dimise il Consiglio comunale, si dimisero 170 sindaci della provincia. Risoffiava impetuoso il vento del Nord. Nelle fabbriche chiuse alla produzione (non solo in Lombardia, ma anche a Genova e altrove) furono mobilitati gli attivisti di sinistra, che concionarono le maestranze e radunarono autocarri in gran numero, prendendoli disinvoltamente dal parco automezzi degli stabilimenti, per una marcia su Milano. Il 28 novembre 1947 – era una grigia giornata autunnale – queste colonne affluirono sulla metropoli lombarda, e si diressero verso corso Monforte e il Palazzo Diotti in cui ha sede la Prefettura. Non tutti i militanti in giubbotto di pelle nera che stavano nei cassoni degli autocarri avevano le idee ben chiare su quanto stava accadendo. Qualche pattuglia issava cartelli con la scritta «a morte Troilo», il Prefetto essendo, per definizione, il rappresentante dello Stato oppressore e reazionario.

Il comando delle operazioni era stato preso da Giancarlo Pajetta, federale comunista per la Lombardia, che si era insediato, con altri dirigenti del partito, in Prefettura: consenziente, ma tremebondo, il povero Troilo, tuttora in carica. Presto la Prefettura fu invasa da centinaia di miliziani che s'installarono un po' dovunque, sovrapponendosi facilmente alle forze dell'ordine che, prive di direttive, non sapevano cosa fare. Le strade attorno al palazzo furono bloccate da autocarri, vennero istituiti posti di blocco controllati da attivisti del Pci, furono allineati cavalli di Frisia trovati chissà dove. Richiamata dall'«happening» – una presa della Bastiglia all'italiana, con il rappresentante del governo che sta dalla parte dei rivoltosi – s'era precipitata in corso Monforte una campionatura variopinta della società milanese: i maggiori capi comunisti – Alberganti, Scotti, Venanzi, oltre a Giancarlo Pajetta – ma anche resistenti salottieri precursori dei radical-chic degli anni Settanta, e teste confuse come l'impresario teatrale Remigio Paone, le cui concioni, nell'anticamera di Troilo, non contribuivano certo a chiarirgli le idee. Da Roma, Scelba taceva. Sapeva che il Questore Agnesina era asserragliato nel suo fortilizio di via Fatebenefratelli, e aveva cercato di raggiungere subito il Comandante del Corpo d'Armata di Milano e il Comandante della divisione Legnano. Essendo entrambi risultati per il momento introvabili, s'era rivolto al Comandante militare della piazza di Bergamo dandogli ordini per una occupazione della Prefettura, se fosse stato necessario, anche con la forza.

Mentre le ore trascorrevano, cominciarono a schierarsi attorno alla Questura, e anche a qualche distanza dalle milizie operaie e dai cavalli di Frisia, soldati della Legnano, carabinieri, agenti. La famigerata e sanguinaria Volante Rossa, che solitamente agiva nell'ombra, questa volta era uscita allo scoperto. Un suo autocarro stava ostentatamente accanto al portone di corso Monforte, guardato da figuri con mitra e pistole.

Per l'intera mattinata Troilo non aveva ritenuto di dover informare il ministro che qualcosa di inconsueto stava accadendo a Milano (solo alle 17 rispose a un telegramma incalzante di Scelba con quest'altro singolare telegramma: «Sono qui in piena libertà e in attesa dell'arrivo dell'onorevole Marazza. Ordine pubblico normale nonostante sciopero generale in atto»). Ettore Troilo doveva avere una concezione molto peculiare della normalità. Nel suo ufficio spadroneggiava Pajetta, che ogni tanto, forse annoiandosi, faceva qualche telefonata. Una volta, stando a quanto ha scritto Miriam Mafai che certamente dispone di notizie di prima mano, Pajetta chiamò il Viminale e a Scelba disse ironicamente: «Ti avverto che da adesso hai una Prefettura in meno, quella di Milano». Scelba tacque. Un'altra volta Pajetta si mise in comunicazione con Togliatti per annunciargli spavaldamente: «Abbiamo la Prefettura di Milano». E Togliatti, gelido: «Bravi, e cosa intendete farne?».

A posteriori Pajetta ha asserito che lui e gli altri promotori dell'occupazione non avevano intenzioni eversive. «Si trattava di mostrare che avevamo una forza notevole ed eravamo pronti a usarla, in modo da impedire che certa gente si illudesse di poterci liquidare facilmente. Ma nulla di più.» Quando il generale Capizzi cui Scelba, pur esitante, pensava di affidare ogni potere a Milano, entrò in Prefettura facendosi largo tra i facinorosi, e riuscì ad arrivare fin davanti a Troilo, Pajetta – lo ha raccontato egli stesso – si rivolse a uno dei suoi luogotenenti e gli chiese di quanti uomini il Pci potesse disporre. «Trentamila mi rispose il compagno, e il generale che era arrivato da noi deciso a proclamare lo stato d'assedio se ne andò senza aver fatto nessuna minaccia. Ma raggiunto questo scopo io chiamai subito accanto a me gli altri dirigenti comunisti e dissi loro che una cosa doveva essere ben chiara: se l'esercito arrivava davvero e si creavano le condizioni per un conflitto, noi ci saremmo ritirati.»

Che così Pajetta pensasse veramente nelle ore infuocate dalla Prefettura, è tutto da dimostrare. Certo la doccia fredda di Togliatti non l'incoraggiò a giuocare il tutto per tutto. Quanto a Troilo, balbettava patetico. Quando fu avvicinato da qualche giornalista si disse «molto dolente di quanto è avvenuto senza alcuna mia responsabilità», definì una inadempienza del governo la mancata missione all'ONU («Si vede che di me non sanno che farsene all'ONU»), poi lamentò querulo che non lo si fosse almeno lasciato a Milano fino alla primavera successiva. Uno degli autori di questo libro, che era allora un giovane cronista del *Corriere della Sera*, e che poté anche lui – dopo inquisizioni degli scherani comunisti di guardia – avvicinare Troilo, chiese che gli fosse concesso d'usare il telefono per avvertire, al giornale, che si trovava chiuso in Prefettura, senza possibilità di comunicazione. Troilo cortesemente assentì, indicando il suo apparecchio personale. Ma intervenne Pajetta. «Non si può lasciarlo adoperare – disse – è un telefono di Stato.» Alla perplessa occhiata del cronista, Troilo rispose, scrollando sconsolatamente le spalle: «Se è un telefono di Stato...».

La città, e la Prefettura, erano sospese in un'atmosfera di forte, trattenuta tensione, mentre il sottosegretario Marazza viaggiava in treno verso Milano, dove sarebbe arrivato solo in piena notte. Stranamente, non vi furono molti incidenti, né ostentate violenze. I «benpensanti» s'erano rintanati in casa, e le milizie di sinistra facevano il bello e il cattivo tempo, senza trovare altra opposizione che quella dei cordoni di forza pubblica, qua e là. Un'unica tragedia contrassegnò la giornata. Igino Mortari, ch'era stato nella legione repubblichina Muti, litigò in una tabaccheria di via Lomazzo con un gruppo d'operai della Innocenti. Fu trascinato via su una *jeep*, e lo ritrovarono poi in un prato della periferia freddato dal classico colpo alla nuca. Nel resto d'Italia le notizie milanesi, riecheggiate in linguaggio burocratico dalla radio, non furono percepite nella loro gravità. La gente era maggiormente scossa dall'annuncio che il pianista Arnaldo Graziosi era stato condannato a

24 anni di reclusione, su indizi assai tenui, per avere ucciso la moglie.

Scendendo dal treno alla Stazione Centrale di Milano, Marazza incontrò Agnesina, e con lui si chiuse in Questura. Poi telefonò a Troilo, invitandolo – ed era un invito che, da Sottosegretario a Prefetto, equivaleva a un ordine – a raggiungerlo. Troilo l'avrebbe anche accontentato. Ma il solito Pajetta s'oppose. Presagiva, nonostante l'ostentata euforia barricadiera della folla che s'ammassava in Prefettura, l'epilogo deludente di questa presa della Bastiglia. E voleva qualche soddisfazione. Impose pertanto che non Troilo ma Marazza si scomodasse, raggiungendo il corso Monforte. Il Sottosegretario pretese delle garanzie, che Pajetta avventurosamente gli diede. Presumeva di poter governare quella ciurmaglia stanca e nervosa. Sugli scaloni del palazzo, e per i corridoi, c'erano cartocci con resti di cibo, bucce d'arance, fiaschi vuoti. Nel momento in cui la *jeep* di Marazza varcò il portone dal quale Mussolini era uscito il 25 aprile 1945 per avviarsi verso il fatale traguardo di Giulino di Mezzegra, decine di uomini vocianti in giubbotto la sommersero: pallido ma dignitoso, il rotondetto Marazza si avventurò nello stretto corridoio tra due siepi umane che si era riusciti ad aprirgli, sfilò davanti all'eterogenea guarnigione degli «occupanti», e finalmente si trovò faccia a faccia con Troilo, Pajetta, Venanzi.

La trattativa durò qualche ora, non perché fosse in dubbio, ormai, che il governo aveva vinto, ma perché si doveva in qualche modo salvare la faccia a Pajetta e ai suoi caudatari. Fu stabilito, alla fine, che Troilo avrebbe lasciato il suo incarico (egli brigò dopo d'allora per avere quell'ambasciata che gli era stata ancora promessa, sottovoce, ma non ci riuscì), che in Prefettura si sarebbe insediato temporaneamente il Prefetto di Pavia, Celona, e che il designato Ciotola avrebbe assunto le sue funzioni due mesi più tardi «avendo egli chiesto un congedo di tale durata».

Venne concordato, ovviamente, che nessuno di coloro che avevano violato la legge sarebbe stato deferito alla magistratura. L'addio alla rivoluzione fu malinconico. Pajetta voleva affidare ad Alberganti, uno tra i più «duri», il compito di dire ai miliziani d'andarsene. Alberganti rifiutò secco: «Non sarò io a ordinare una ritirata». «Allora ci vado io» disse Pajetta. E così fece.

All'alba il palazzo di corso Monforte fu evacuato, lentamente e tra mugugni, dagli invasori, gli autocarri gremiti di gente armata ripartirono per la «cintura rossa» milanese e per le città di provenienza, reparti della Legnano e della Celere presero possesso della Prefettura. A Roma Troilo e Greppi, convocati da De Gasperi e Scelba, diedero la loro versione dei fatti, mentre a Milano i vari comitati parainsurrezionali lanciavano gli ultimi vacui appelli allo spirito resistenziale. I militari americani che dovevano imbarcarsi a Livorno per fare ritorno negli Stati Uniti, e che erano stati trattenuti in Italia, a titolo di ammonimento, in vista della emergenza Troilo, seppero che la loro partenza era rinviata solo di qualche giorno. (In base a precedenti decisioni, l'ultimo contingente americano d'occupazione doveva lasciare l'Italia entro il 15 dicembre 1947, e lo sgombero era stato pressoché completato. Washington precisò per l'occasione che se fosse stato necessario ristabilire un equilibrio di forze o di situazioni eventualmente turbato, potevano essere rafforzate le truppe americane di stanza in Austria.)

In una lettera al sindaco Greppi, Alcide De Gasperi sottolineò che «l'autorità dello Stato sarebbe profondamente lesa se, invece di attingere la sua forza da un governo responsabile innanzi al Parlamento, subisse l'influsso di azioni e reazioni tumultuarie». E, accennato ai problemi economici e sociali, aggiunse con appena velata severità: «Senza dubbio le difficoltà sono ancora molte e prevediamo giorni duri... Ma riusciremo, se manterremo in casa nostra ordine e disciplina, se non scaveremo con le nostre mani le basi dell'autorità dello Stato, la cui tutela deve essere al di sopra delle competizioni e dei partiti».

Nel Pci il «partito parallelo» aveva mostrato la sua faccia violenta durante l'occupazione della Prefettura di Milano. E la mostrò ancora nei giorni successivi con i raduni e le sfilate indetti, in molte città italiane, per il I Congresso nazionale della Resistenza. A Modena, presenti ventimila partigiani e duecentomila persone affluite da tutta l'Emilia rossa, furono decorati di medaglia d'oro Longo e Secchia. Lo fu perfino Togliatti resistente di Mosca e di Salerno, che accettava senza entusiasmo questi rituali. Il 6 dicembre si svolse a Roma la manifestazione conclusiva, e centomila partigiani irruppero nella città preoccupata e torpida. Ecco il significativo racconto d'un partecipante alla *kermesse* rossa (racconto riportato da Miriam Mafai):

«Partimmo da Genova dove alla stazione funzionava perfettamente la sussistenza. A tutti fu distribuita per la notte una razione K, razioni d'emergenza delle truppe americane... Nel mezzo della Maremma ci fu una sosta obbligatoria, penso sia stata dovuta al confluire di diversi convogli... Dopo pochi minuti corse la voce sabotaggio. Esasperazione. Inutilmente nel buio staffette passavano di carro in carro spiegando le ragioni della sosta. Dal carro degli spezzini partì un colpo di *bazooka*. Per pochi secondi, ma intensissima, seguì una sparatoria infernale. Raffiche di sten, colpi di pistola e scoppi di bombe a mano... Roma era deserta, eccetto le ali di folla plaudente tutto era deserto. Non si vedeva né polizia né soldati, tutti erano pronti, ma nelle caserme... Ricordo la delusione di tutti quelli che mi circondavano quando, nel discorso ufficiale, Longo raccomandò la calma... Le intenzioni di tutti al basso erano ben diverse. Da parte di tutti c'era il proposito di spaccare il mondo e a un certo punto la sensazione che si stava per concludere qualche cosa di grosso. Ma poi la tensione cadde in un sciogliete le righe... Le armi erano rimaste sotto il giubbotto, anche se non c'era timore alcuno e ogni tanto si poteva vedere con facilità spuntare di sotto l'abito qualche manico di rivoltella».

Migliaia, anzi decine e forse centinaia di migliaia erano le pistole custodite da ex-partigiani e duri del Pci per l'ora X: e tante mitragliatrici e mitragliatori, tante bombe a mano, non pochi *bazooka*. L'ambasciatore degli USA a Roma, Dunn, scrisse in un rapporto che il Pci poteva contare su 50 mila uomini addestrati ed equipaggiati con armi leggere. Togliatti fingeva d'ignorare questo inquietante e segreto volto del suo partito. Se ne compiaceva invece Pietro Secchia, potente e irruente capo dell'organizzazione, un posto che gli consentiva di far le pulci a tutti, perfino a Togliatti: il quale dovette infatti piatire da lui un nuovo alloggio quando, separatosi dalla moglie, decise di metter su casa con Nilde Jotti.

Pietro Secchia, detto Botte, era di Occhieppo Superiore, nel biellese. Figlio di povera gente (padre contadino, madre operaia tessile), aveva compiuto tuttavia gli studi ginnasiali, integrati successivamente dalla cultura ideologizzata dei rivoluzionari autodidatti. Ventenne al tempo della Marcia su Roma, s'era buttato senza esitazioni alla lotta clandestina, nelle file comuniste. Gli erano state presto affidate missione delicate – tra l'altro nel 1924 era stato delegato al Congresso dell'internazionale giovanile comunista a Mosca – poi aveva vissuto in Francia, era rientrato nascostamente in Italia, aveva subìto i primi arresti e le prime schedature. «È di carattere impulsivo, educazione scarsa, intelligenza pronta. Ha una cultura discreta. Ha tendenze all'ozio e vive con le prebende che gli frutta la campagna comunista. Appartiene al Partito comunista di cui è seguace fanatico.» Questo il profilo di Secchia tracciato dalla polizia fascista. Prima che Mussolini cadesse,

Secchia aveva trascorso tredici anni della sua vita (e ne aveva solo quaranta) tra carcere e confino. Era stato tra i capi della Resistenza, coraggioso e spietato.

Per il Togliatti amico di Badoglio, Guardasigilli, fautore del compromesso con i cattolici, questo personaggio rozzo e deciso costituiva insieme una risorsa e un ingombro. Poteva essere utilizzato (aveva indubbi talenti di coordinatore e di trascinatore), ma doveva anche essere attentamente controllato. Per questo «il Migliore» se lo portò a Roma. «Sentii subito un certo disagio – lamentò Secchia – perché a Roma trovai un ambiente completamente diverso. I nostri, inseriti già da tempo, quasi da un anno, nel lavoro parlamentare e ministeriale, erano tutti volti ad altri problemi. Compresi che per la seconda volta eravamo rimasti fregati.» A Roma Secchia visse austeramente, con la sua compagna Alba, e con la vicinanza assidua di un guardaspalle-segretario-factotum: Nino Seniga, l'uomo che qualche anno più tardi lo lascerà portando con sé la cassa del partito, e provocando la rovina politica del suo «padrone».

Delle strutture di partito Secchia aveva una concezione rigida, ereditata sia dalla lotta clandestina sia dall'inquadramento militare della Resistenza. Nel rivoluzionario si sentiva il piemontese. Al militante era concesso di ubbidire, e anche di pensare *con juicio*, mai di dubitare. Il *Quaderno dell'attivista*, che usciva settimanalmente, non era un prontuario di partito: era un precettario degno dell'Inquisizione, che pretendeva di regolare tutto: perfino a quali lingue straniere convenisse dedicarsi («Mi sembra veramente ridicolo – ammoniva seriosamente un dirigente nazionale del Pci – che alcuni compagni studino ancora l'inglese o il francese anziché il russo»).

Secchia era pignolo, infaticabile, brusco e spicciativo, ma un maestro nell'addestrare le truppe e i quadri del partito. La sua mentalità schematica, il suo spirito rivoluzionario erano ancora adatti ai tempi, e ancora più lo divennero con l'instaurarsi della guerra fredda. Nessuno meglio di Secchia poteva gestire insieme il Pci affiorante e quello sotterraneo: e incoraggiare o coprire sottobanco le azioni dei militanti facinorosi, qualche volta sanguinari, lasciando ai Togliatti e agli Amendola il compito di deplorarli, ufficialmente. Un giorno (Togliatti era ministro della Giustizia) si presentarono a Roma, chiedendo di vederlo, i «compagni» che nelle carceri di Schio avevano operato una mattanza di ex-militanti della Repubblica di Salò, imprigionati. Questi «giustizieri» erano tecnicamente dei latitanti. Quando Massimo Caprara – allora segretario di Togliatti – gliene annunciò la visita, la risposta fu sferzante: «Ma sono pazzi, digli che non posso assolutamente occuparmi di loro».

Ma altri si occupava, nel Pci, di questi comunisti macchiati di sangue, e li avviava oltre frontiera, verso i «santuari» dell'Est. Così Praga divenne un covo di imputati e di condannati in contumacia e, ha ricordato Miriam Mafai, «attorno alla Radio in lingua italiana hanno vissuto e lavorato per anni molti di coloro che, dopo il 25 aprile, non avevano rinunciato all'azione armata e agli atti di terrorismo, e lì costituirono una piccola comunità che aveva rapporti regolari con il Pci».

Analogamente, il Partito comunista non sponsorizzava formalmente, ma neppure rinnegava interamente, nel fondo, i fatti e misfatti di quei gruppi – con il linguaggio latinoamericano potremmo chiamarli squadroni della morte – che praticarono la giustizia sommaria nei giorni della Liberazione, ma seguitarono a praticarla – almeno gli irriducibili – anche dopo. Gli sterminatori agivano anche all'ombra di associazioni innocue, e insospettabili. Ad esempio i componenti la famigerata Volante Rossa erano, per la facciata, membri d'un circolo ricreativo con sede presso la Casa del Popolo di Lambrate (un quartiere della periferia di Milano). In mezzo ai tanti che veramente si ricreavano, v'era un nucleo ristretto di killer professionali. Lo guidava «Alvaro», un giovane operaio reduce dalla guerra partigiana, nella quale aveva comandato la 118ª brigata Garibaldi.

La Volante – scuola e modello delle future Brigate rosse – si esibì a volte in azioni clamorose e rivendicate – le uccisioni di Franco de Agazio fondatore e direttore del «nostalgico» *Meridiano d'Italia*, e del generale Ferruccio Gatti – altre volte in ammazzamenti spiccioli e oscuri. «Andavamo a prendere l'individuo – rivelò uno che sapeva – lo portavamo dalle parti del campo Giuriati, perché allora lì era tutto prato e la mattina passava l'obitorio a ritirarlo.» A volte era il Lago Maggiore a far da obitorio, grazie a una pietra legata al collo della vittima, condotto a fare una gita in barca senza ritorno. Non mancava, nelle iniziative della Volante, un pizzico di truce goliardia. Un dirigente della Falck, l'ingegnere Italo Toffanello, fu sequestrato in casa di nottetempo e lasciato in mutande – era pieno inverno – a poca distanza dal Duomo. L'impresa fu firmata «un gruppo di bravi ragazzi». S'è già visto che la Volante si mostrò spavaldamente alla ribalta, credendo fosse giunta l'ora X, durante la «guerra di Troilo». Quindi risprofondò nell'ombra, fino a quando la cattura d'un giovane appartenente alla organizzazione portò alla sua scoperta, e alla identificazione dei capi.

Secchia, terzo nella gerarchia del Pci ufficiale, era il primo nella gerarchia del Pci sotterraneo. A Mosca lo sapevano benissimo: fino al 1956 tutti i verbali dei dibattiti in seno alla direzione o al Comitato centrale vennero inviati, per opportuna conoscenza, al Cremlino. In quei dibattiti le posizioni di Secchia affioravano vistosamente. Non per caso dunque fu volentieri accettato da Stalin che Secchia – anziché il riluttante Togliatti – andasse a Mosca, nel dicembre del 1947, per avere istruzioni, o almeno illuminazioni sul nuovo corso comunista.

Caricato all'aeroporto di Mosca sulla immancabile Ciaika nera dalle tendine abbassate, ospitato in una dacia per «compagni» di riguardo, Secchia vide anzitutto Zdanov, che pochi giorni prima aveva aspramente criticato i comunisti italiani. Zdanov sembrava, a quattr'occhi, un po' meno severo, anche se a una cauta richiesta di Secchia per la rinuncia dell'URSS ad avere le navi da guerra italiane in conto riparazioni, ribatté brusco: «Noi non facciamo la politica americana alla rovescia». Quanto al resto, «mi e dispiaciuto – disse Zdanov – d'aver dovuto fare delle critiche al vostro partito, ma era necessario perché voi avete condotto finora una politica fiacca, di capitolazione, avete troppe illusioni parlamentari...».

Era un rimprovero che Secchia proprio non meritava: ma Zdanov parlava alla nuora perché la suocera (ossia Togliatti) intendesse. Secchia espose allora le sue idee, ed erano musica per le orecchie di Zdanov, che lo invitò a condensarle in un rapporto. Con diligenza, nella dacia isolata, Secchia lo scrisse, muovendo anche appunti a «compagni» non precisati. In realtà sia lo scrivente, sia i destinatari del rapporto avevano in testa un nome solo. «Ci sono dei compagni – era detto nel rapporto – che osservano che De Gasperi avrebbe avuto piacere se noi, nel momento in cui stavamo per essere esclusi dal governo, avessimo organizzato lo sciopero generale, perché così avrebbe potuto dimostrare che noi ci ponevamo sul terreno extra-legale, sul terreno della violenza... Ma noi riteniamo non esatto questo giudizio perché non si trattava già di dare la parola d'ordine dell'insurrezione, ma di organizzare una grande mobilitazione di popolo, prima ancora che fossimo esclusi dal governo. Dal non fare nulla a fare l'insurrezione ci corre... Il nostro errore sta nel fatto che troppo spesso ci siamo lasciati dominare dalle minacce della guerra civile, e dell'intervento straniero...» E più avanti, dopo aver accennato alla possibilità che il Pci fosse impegnato in una lotta non legalitaria: «Possiamo ancora prendere l'offensiva, vi sono le forze per farlo, e se il nemico cercasse di sbarrarci la strada con la violenza, noi disponiamo di un potenziale di forza tale che saremmo in grado di spezzare ogni violenza e di portare i lavoratori italiani al successo decisivo».

Il rapporto fu covato per tre giorni nel Cremlino, e approdò anche sulla scrivania di Stalin mentre Secchia aspettava nella dacia. Finalmente venne la convocazione per un colloquio con il capo supremo e indiscusso del comunismo mondiale. Era la prima volta che Secchia vedeva «Giuseppe» (così lo nominò negli appunti presi frettolosamente). Era emozionato, ma sicuro. Al fianco di Stalin erano Zdanov, Beria e Molotov. Secondo il suo stile, Stalin fu prudente. Ascoltò tirando lunghe boccate dalla pipa, e si guardò bene dallo sconfessare Togliatti. Obbiettò alla strategia aggressiva di Secchia che «non si tratta di porre il problema dell'insurrezione, ma di condurre lotte economiche e politiche più decise, con maggiore ampiezza». In sostanza, Stalin sapeva di non poter ribaltare gli assetti politici italiani, ma voleva dare il massimo fastidio al governo e agli americani. Sapeva altresì di avere, nel Pci, due diversi proconsoli, per due diverse ipotesi: la possibilista e la rivoluzionaria. Ingenuo, e anche *gaffeur*, come tutti i fanatici, Secchia sostò a Belgrado, sulla via del ritorno da Mosca, e lì pranzò con Gilas e Kardelj. «Beati voi che siete stati liberati dalle armate sovietiche!» esclamò rivolto ai suoi commensali. «Macché armate sovietiche!» ribatté Gilas, furente.

Questa fase della politica comunista ebbe in Italia il suo *imprimatur* dal VI congresso del Pci, aperto il 4 gennaio 1948 a Milano. Il partito di Togliatti era numericamente imponente – quasi due milioni e trecentomila iscritti – ed era ancora un partito operaista (il 45 per cento di operai, il 17 per cento di salariati agricoli). Fu il congresso «dell'obbedienza al Cominform», secondo la definizione di Bocca. «Tutti i lavori del Congresso dovranno svolgersi alla luce della situazione nazionale e internazionale così come è stata definita dalla Conferenza dei nove partiti (Cominform) e dal recente Comitato centrale del nostro partito.» Togliatti e Longo furono confermati rispettivamente segretario e vicesegretario. Secchia si risentì (e questo per Togliatti non era molto grave) ma si risentì anche Mosca, ed era gravissimo.

Consapevole d'aver umiliato insieme Secchia e il Cremlino, Togliatti corse ai ripari con una procedura che, anche per il disinvolto autoritarismo comunista, era scandalosa. Senza neppure attendere una convocazione del Comitato centrale, scrisse a tutti coloro che ne facevano parte perché consentissero a creare un nuovo vicesegretario da affiancare a Longo nella persona di Pietro Secchia. Tutti risposero sì, a stretto giro di posta, ma non mancò qualcuno che rilevò l'arbitrio.

CAPITOLO OTTAVO

LA COSTITUZIONE

Il 1947 si chiuse con un rimpasto del governo De Gasperi – allargato ai socialdemocratici e ai repubblicani – e con l'approvazione della Carta Costituzionale. Pochi giorni separarono i due avvenimenti (il 16 dicembre il rimpasto, il 22 il sì alla Costituzione): e la successione cronologica ne contraddisse il significato.

Il varo della Costituzione rappresentò infatti l'epilogo della collaborazione ciellenistica e dell'unanimismo antifascista. La Costituzione passò con 453 voti a favore e solo 62 contrari, di destra: una maggioranza cui anche quarant'anni dopo, ad esempio per l'elezione del Presidente Cossiga, sarebbe stato dato il nome – improprio, anzi truffaldino – di «arco costituzionale». La nuova struttura del governo ampliò e consolidò invece il blocco anticomunista, mentre prendeva definitivamente forma il Fronte popolare di Togliatti e Nenni: e insieme delineò la formula di maggioranza politica sulla quale la democrazia italiana si sarebbe retta, sia pure con tentennamenti e lacerazioni, nei decenni successivi.

Della Costituzione ci siamo occupati a proposito dell'articolo 7, e del voto con cui i comunisti si associarono all'inserimento in essa dei Patti lateranensi. Vediamola ora nel suo insieme.

La Magna Charta della Repubblica italiana fu concepita sotto l'ossessione di un ritorno della dittatura, ossessione che ne condizionò e spesso viziò gli istituti: e venne tenuta a battesimo, nella sostanza, da due forze politiche – la cattolica e la marxista – che erano state estranee al Risorgimento, quando non ostili, e che erano per tradizione, e per i personali convincimenti di alcuni loro uomini, scarsamente sensibili ai grandi ideali liberali. Tortuosa e farraginosa fu inoltre la procedura attraverso la quale si arrivò alla formulazione di questa legge fondamentale. Dai 600 costituenti fu espressa una commissione più ristretta, detta dei Settantacinque, che a sua volta si divise in sotto-commissioni per la redazione di questa o quella parte, di questo o quell'articolo. I testi che dai gruppi settoriali risalivano ai Settantacinque, e dai Settantacinque all'assemblea plenaria, erano sganciati l'uno dall'altro e scaturivano a volte da ispirazioni diverse. Con la conseguenza, rilevata da Piero Calamandrei, che «quando si arriverà a montare questi pezzi usciti da diverse officine potrà accadere che ci si accorga che gli ingranaggi non combaciano e che le giunture del motore non coincidono: e potrà occorrere qualche ritocco per metterlo in moto». La Costituzione ebbe una impronta unitaria, e omogenea, proprio in quella che si rivelerà una delle sue caratteristiche più negative: la voluta debolezza del potere esecutivo, cioè del governo, nel nome di un parlamentarismo esasperato che il tempo trasformerà in partitocrazia e lottizzazione.

Nessuno dei freni che in altri paesi già esistevano o furono adottati per scongiurare l'instabilità dei governi – e in definitiva del sistema – e la frammentazione del quadro politico fu accolto dai costituenti. Niente collegio uninominale, niente soglia del cinque per cento (come nella Germania federale) per l'ammissione di un partito in Parlamento, niente premio di maggioranza (nel '53 De Gasperi tenterà di introdurlo con quella che sarà malignamente bollata come la «legge truffa», e sarà battuto), niente obbligo di presentare una maggioranza di ricambio già pronta prima di far cadere la maggioranza sulla quale si regge il governo. Tutto il potere al Parlamento, non soltanto l'esame delle leggi importanti ma anche quello delle famigerate «leggine», una giungla nella quale il lavoro di deputati e senatori dovrà aprirsi il varco con stento, e in tempi lunghi. Il sistema bicamerale, sicuramente utile per correggere taluni errori d'una Camera, finiva per diventare, in quel trionfo della lentezza, un ulteriore motivo di ritardo all'iter dei disegni di legge. Nel documento erano contenuti, *in nuce*, la girandola dei governi, la perennità delle crisi, l'esigenza che il Presidente del Consiglio e i suoi ministri s'impegnino quotidianamente più a sopravvivere che ad amministrare. Paradossalmente, la Dc e il Pci, l'una e l'altro per niente tranquilli sull'esito delle elezioni politiche prossime venture, erano in egual misura interessati a castrare l'esecutivo. Il Pci perché una democrazia debole è una democrazia facilmente infiltrabile e rovesciabile, la Dc perché un Fronte popolare trionfante avrebbe trovato, proprio in quella Costituzione, più d'una remora all'instaurazione d'un potere autoritario. Da qui certi aspetti equivoci della Costituzione, di cui Mario Paggi scrisse che era «un fragile tessuto fatto di non armoniose giustapposizioni cattoliche da un lato e marxiste dall'altro, con qualche malinconico residuo di un liberalismo che ha persino pudore della parola libertà».

Da questo ibrido, o da questa confusione, derivò un certo tono messianico e verboso della Costituzione (la stessa solenne affermazione secondo la quale la Repubblica italiana è fondata sul lavoro appartiene più alla retorica politica che alla legislazione). Sempre Calamandrei, non sospettabile di tentazioni reazionarie ma acuto, sottolineava che nel suo complesso la Magna Charta «rischia di riuscire piuttosto che un documento giuridico, uno strumento politico: piuttosto che la attestazione di una raggiunta stabilità legale, la promessa di una stabilità sociale che è appena agli inizi». A queste aspirazioni vagamente progressiste si intrecciava, proprio per la difficoltà di concretarle, lo «spirito di rinvio», ossia la rinuncia al compito di fissare vere norme, demandandole a future leggi di attuazione. Le quali sono ancora in qualche caso di là da venire: come la regolamentazione del diritto di sciopero. Su alcuni temi scottanti, in particolare l'assetto economico, lo sforzo di conciliare l'ortodossia liberale con conati sociali e dirigisti è quasi patetico (lo ha rilevato Franco Catalano). Così si garantisce «l'iniziativa economica privata libera» ammonendo peraltro che essa non può porsi «in contrasto con l'utilità sociale o in modo da recare danno alla sicurezza, alla libertà, alla dignità umana». La proprietà privata è riconosciuta e garantita ma la legge ne determina «il modo di acquisto, di godimento e i limiti allo scopo di assicurarne la funzione sociale e di renderla accessibile a tutti».

La smania di regolare tutto, con minuzia notarile e insieme con velleità innovatrici, diede all'Italia una Costituzione prolissa e lacunosa insieme. In realtà quel documento che ambiva a guidare la vita della nuova Repubblica per chissà quanti decenni futuri era lo specchio della situazione e del momento politico in cui fu formulato. Non che manchino, in esso, parti degne di sopravvivere. La Costituente aveva nel suo seno ingegni politici e giuridici quali forse l'Italia non ritrovò più nelle fasi successive della sua storia. Ma anche i migliori vollero impedire il ritorno del passato e porre le basi di un radioso futuro sociale – c'era in questo l'ideologia, seppure temperata, della Resistenza – trascurando l'opportunità loro offerta di formulare una Charta chiara, semplice e non soggetta – come la Charta che concepirono – a letture diverse, a volte opposte: tanto che la Corte Costituzionale ha dato, degli stessi articoli, interpretazioni varianti secondo i tempi e le occasioni. Del resto, a tambur battente, e quando la Corte Costituzionale era ancora di là da venire, la Cassazione si affrettò a sancire che si doveva distinguere tra le norme costituzionali «programmatiche» e le norme «precettizie», suddivise a loro volta queste ultime in «complete» e «incomplete». Solo le norme precettizie e complete annullavano le leggi in contrasto con esse che già esistessero. Per le precettizie ma incomplete, o per le programmatiche, il dettato costituzionale dava semplicemente direttive *de jure condendo*. In un'ottica di sinistra Antonio Gambino ha visto in tutto questo un disegno della destra per consentire innovazioni «prive di garanzie di esigibilità», che restavano una pura astrazione, in cambio «di un consolidamento di fatto dello Stato conservatore». Non ci sembra che la manovra fosse così netta, e nemmeno così consapevole. L'ibrido ambiguo e il messianesimo verboso della Costituzione furono lo specchio di quell'«arco costituzionale» che la concepì: e che pretese di armonizzare gli opposti. Per questo la Costituzione non è soltanto vecchia. È invecchiata male.

L'esigenza di dare al governo – in vista delle elezioni politiche – una base che raccogliesse il più ampiamente possibile le forze moderate e socialdemocratiche era ben avvertita da De Gasperi cui il monocolore, allargato o no, piaceva poco perché faceva della Dc l'unico bersaglio dell'opposizione, e perché rendeva incerte e fluttuanti le maggioranze; ed era avvertita anche dagli americani. Il Psli aveva con il mondo sindacale e politico d'oltreoceano legami privilegiati, e questo spiega le sollecitudini del segretario di Stato generale Marshall perché al partito di Saragat fossero spalancate le porte governative: «Lei potrebbe profittare dei colloqui con i *leaders* democristiani e socialdemocratici – scrisse Marshall all'ambasciatore Dunn – per comunicare una certa delusione a causa del mancato accordo per la partecipazione del Psli al governo. Lei potrebbe spiegare ai dirigenti del Psli il punto di vista americano secondo cui la situazione italiana richiede, nell'interesse nazionale, la cooperazione di tutti gli elementi realmente democratici».

La strada per una collaborazione ministeriale con il Pri e il Psli era stata però disseminata di mine e di dispetti, sia per le cautele di De Gasperi, sia per le pretese di Saragat e di Pacciardi, che non erano interlocutori comodi. Si era arrivati addirittura, in autunno, alla presentazione di mozioni di sfiducia contro il governo proprio per iniziativa dei suoi futuri alleati.

All'origine dell'incidente fu Nenni, che a fine settembre si fece avanti, alla Costituente, con una mozione di sfiducia perché, secondo lui, il Ministero si era dimostrato del tutto impari ai compiti che doveva affrontare, e soprattutto ai nodi dell'emergenza economica. Ai deputati Nenni parlò con la consueta foga tribunizia, ma anche con insolita asprezza, accusando la maggioranza «d'avere messo le sue sporche operazioni di politica interna sotto il patronato americano, così come fino al '45 le metteva sotto il patronato di Churchill» La «palude» (per usare la definizione dello stesso Nenni) insorse e il conte Sforza sfidò i socialisti a portare una sola prova di quanto asserivano. «È stato messo duramente a posto» si vantò Nenni nel suo diario. Sulla scia dei socialisti anche socialdemocratici e repubblicani avanzarono mozioni di sfiducia, che non erano tanto uno strumento per abbattere il governo, quanto un grimaldello per forzarne la porta ed entrarci. Infatti il discorso di Saragat fu una dichiarazione di guerra alle sinistre, piuttosto che a De Gasperi.

Si era alla vigilia di elezioni amministrative a Roma, fissate per il 12 ottobre (1947), e De Gasperi era preoccupato. Temeva che un'impressione di sfascio della sua maggioranza si ripercuotesse negativamente sul voto nella capitale. Alla Costituente si rivolse in tono grave, per dire che «la marcia comune dei socialisti e comunisti, la quale si richiama alle stesse origini marxiste fino alla dittatura del proletariato, rende sospetta, difficile e impossibile ogni collaborazione con loro». La mozione di Nenni fu respinta con largo margine, 271 voti contro 178, quella di Saragat con margine inferiore (271 contro 224), infine per la bocciatura della mozione repubblicana (270 voti contro 236) fu necessario a De Gasperi l'appoggio di Guglielmo Giannini. I qualunquisti avevano percorso negli ultimi mesi un itinerario a zig zag, con appetiti governativi e insieme con ammiccamenti ai comunisti (ammiccamenti che Togliatti, spregiudicato come sempre, aveva finto di ricambiare). Se ne accorgessero o no, i qualunquisti erano in una fase declinante, e in modo precipitoso, della loro parabola.

Lo dimostrarono le elezioni a Roma. La Dc raddoppiò i voti (da 104 mila a 204 mila) rispetto alle elezioni di appena un anno prima, persero i monarchici e i liberali, ma ancora più persero i qualunquisti caduti da 106 mila a 62 mila voti. I socialcomunisti accrebbero i voti (da 190 mila a 208 mila) ma, essendo parecchio cresciuto il numero dei votanti, si videro togliere tre seggi, andati al Psli. Se rettamente interpretato, questo segnale avrebbe dovuto far presagire l'esito del 18 aprile. Ma pochi, anche tra gli addetti ai lavori, capirono che esso prefigurava la grande adunata di tutti i moderati sotto le insegne democristiane.

Il congresso della Dc a Napoli (nel novembre del 1947) fu tranquillo. De Gasperi lasciò la segreteria per assumere la presidenza, e Attilio Piccioni prese il suo posto. Ai congressisti De Gasperi aveva lasciato intendere che un rimpasto era auspicabile. Fu attuato, come s'è detto, a metà dicembre. Saragat e Pacciardi si affiancarono, quali vicepresidenti del Consiglio, a Luigi Einaudi, i socialdemocratici Tremelloni e D'Aragona ebbero rispettivamente l'Industria e le Poste, il repubblicano Facchinetti la Difesa. Infine fu inserito, come ministro senza portafoglio per il coordinamento delle attività economiche del governo –

incarico che prefigurava quello dei futuri ministri per le Partecipazioni statali – il democristiano Togni.

Può essere interessante rileggere, a tanti anni di distanza, i criteri che subito Togni espose per quanto riguardava lo Stato imprenditore: «Una gestione a sfondo privatistico che implichi la necessità di quadratura dei bilanci, di determinazione di utili e di indispensabile controllo amministrativo da parte di chi apporta capitali; possibilità di un continuo confronto di gestione tra le aziende di Stato e le aziende di proprietà privata; minore burocratizzazione; più facile trapasso dalla proprietà dello Stato a proprietà di privati, e viceversa; una minore tentazione di ricorrere a particolari privilegi e sottrarsi ad oneri fiscali a danno e a spese della collettività». Erano princìpi saldamente ancorati alla visione economica einaudiana che l'avvenire avrebbe quasi sempre traditi. Alla linea di Einaudi si adeguava – sia pure con qualche transitorio dissapore – anche il produttivista Merzagora, che deliberò una serie di provvedimenti per favorire il rientro dei capitali. Traendo spunto da questi indirizzi economici nonché dai provvedimenti di amnistia e di attenuazione delle norme epurative – grazie ad essi migliaia di dipendenti pubblici allontanati per fascismo tornarono ai loro incarichi – socialisti e comunisti denunciarono una «restaurazione» capitalista e filoimperialista, per non dire nostalgica.

Comunisti e socialisti marciavano ormai insieme, ignari di procedere a ranghi serrati verso una catastrofe elettorale. Nenni, non Togliatti, aveva voluto stringere i legami tra i due partiti. Spiegò poi: «Forse perché nella mia mente si era fissata con tanta forza l'esperienza del Fronte popolare francese, io ero convinto che uno schieramento compatto delle sinistre ci avrebbe portato al successo». Togliatti aveva fondate perplessità sugli esiti d'una linea troppo scopertamente fusionista, e s'era lamentato: «Cosa ci posso fare io se Nenni e Basso vogliono il Fronte elettorale a tutti i costi?». Basso, per la verità, era molto tiepido. L'entusiasta era Nenni, un po' ingenuo e un po' cinico, coccolato dall'*establishment* comunista interno e internazionale.

A fine novembre del '47 andò a Praga, su invito dei sovietici, e a Karlovy Vary dialogò a lungo con Malenkov, il vice-Stalin, «grasso, un po' flemmatico, perfettamente orientale». Il povero Nenni chiese a Malenkov, tra l'altro, cosa l'Unione Sovietica potesse fare per l'economia italiana, e il sovietico, lontano le mille miglia dal sospettare quale fosse la vitalità rinascente dell'economia occidentale, e ancorato ai moduli dirigistici di casa sua, rispose seriamente: «Se le sinistre vincono le elezioni e tornano al governo, nel 1948 l'Unione Sovietica potrà far fronte al fabbisogno di grano. Per il carbone non può far nulla per ancora tre anni». Era archeologia economica, e nessuno dei due interlocutori se ne rendeva conto.

Benché segretario dei Psi fosse Basso, Nenni se ne riteneva l'effettivo *leader*: un *leader* che, dopo il trauma della scissione saragatiana di gennaio, aveva colto qualche significativo alloro. Tra gli operai i consensi socialisti, pur nettamente inferiori ormai a quelli comunisti, superavano di quasi il doppio i consensi cattolici e socialdemocratici. A livello di vertice il Psi aveva avuto l'apporto di gran parte dei dirigenti del Partito d'azione: personalità di notevole rilievo intellettuale e morale anche se la loro forza politica era assai più corrosiva che costruttiva. La sinistra non marxista agglutinatasi nel Partito d'azione non aveva mai avuto requie, dalla Liberazione in poi. Alcuni suoi uomini sentivano il richiamo della sinistra popolare – per i cui comportamenti non avevano vocazione alcuna – altri propendevano per un liberalismo elitario e progressista, nella scia dell'insegnamento di Gobetti e dei fratelli Rosselli.

Queste forze centrifughe si acuirono con la scissione di Palazzo Barberini perché al polo socialista tradizionale si contrappose, esercitando una attrazione eguale e contraria, il polo socialdemocratico. Stato maggiore senza truppe, il Partito d'azione era stanco di esistere, e voleva confondersi in una forza politica più vasta. Questa forza sembrò identificarla, agli inizi del 1947, nel Psli. Ma gli umori cambiarono, e si arrivò a una fase di equidistanza, poi (fine giugno) alla scelta del Psi. Questa opzione fu approvata dal direttivo del Partito d'azione a stretta maggioranza, 19 voti contro 16: e fu da alcuni considerata un colpo di mano.

Dall'esecutivo si dimisero Calamandrei, Valiani e Garosci. A sua volta Riccardo Lombardi, che pure era orientato nettamente a sinistra, rinunciò alla segreteria del partito. Lombardi non amava la sudditanza del Psi ai comunisti, e ripeteva, a proposito del Fronte popolare, che «non esistono due partiti e una sola politica, bensì due partiti e due politiche, che possono coincidere ma anche non coincidere».

Gli azionisti filosocialisti, che erano maggioranza, trattarono con il Psi le modalità della fusione, e riuscirono a realizzarla nonostante gli accorati appelli di Saragat. Anche Lombardi finì per associarsi alla maggioranza, e il 21 ottobre 1947 il Partito d'azione, lo si è già accennato, fece ufficialmente *harakiri*. Ignazio Silone, strenuo avversario della manovra, fondò in quelle settimane *Europa socialista*, la rivista che ambiziosamente si poneva come punto di riferimento per chi non abbracciava il Psi ma nemmeno il Psli. Si legò a quel gruppo anche l'ex-segretario del Psiup Ivan Matteo Lombardo che, con i suoi amici di *Critica Sociale*, era ormai quasi un estraneo nel Psi.

Esautorati, isolati e resi impotenti nel Psi i riformisti superstiti, l'opposizione al Fronte popolare e alle liste elettorali con il Pci fu condotta da *leaders* della sinistra, in particolare da Sandro Pertini e – con ambiguità – dallo stesso segretario, Lelio Basso, che pure non aveva alcun preconcetto anticomunista, e si sarebbe anzi distinto, negli anni a venire, per zelo filosovietico. Pertini fece sapere a chiare lettere – e lo ripeté al Congresso che si aprì il 19 gennaio 1948 – che il fronte socialcomunista per le elezioni era un errore. Lo era perché diventava un vassallaggio appena mascherato del Psi al Pci, e perché confermava gli argomenti di Saragat al tempo della scissione. Con Pertini si schierò l'ex-azionista Riccardo Lombardi che esigeva dai comunisti chiarezza sui problemi internazionali (ma in effetti i comunisti erano chiarissimi, per loro l'URSS aveva sempre ragione). Le tesi di Basso erano più sfumate e contorte, e in larga misura obbedivano a motivi di bassa cucina di partito rivestiti di panni ideologici. «Io ho – disse Basso – l'impressione che il partito abbia commesso l'errore di discutere la tattica elettorale prima di esaminare le condizioni politiche della battaglia... Ecco perché sono stato reticente. Io credo che non vi sia dubbio che se il Fronte si realizza la conseguenza elettorale non può essere che una sola. Il problema è di dire se siamo riusciti a creare questa atmosfera nel paese.» Tutti gli avversari del Fronte erano, nel Psi, condizionati dalla demagogia operaista e proletaria: perfino Giuseppe Romita, che presto sarebbe passato ai socialdemocratici, si dichiarò in favore dell'alleanza, e contrario soltanto a liste elettorali comuni. Così Nenni trionfò, e sul diario scrisse sprezzantemente che «Lelio (Basso) e l'apparato hanno veramente balcanizzato il partito». Il Congresso si pronunciò per il Fronte (maggioranza del 99,43 per cento) e anche per le liste uniche con i comunisti: ma su questo punto, non foss'altro che per motivi di interesse personale (gli aspiranti parlamentari temevano, non a torto, che la fusione facesse fondere, elettoralmente, soprattutto i socialisti), la maggioranza fu assai inferiore (66,78 per cento).

Nella lunga vigilia elettorale l'esistenza del Fronte, e l'intimo legame con i comunisti, furono per il Psi una pesante catena. Lombardi aveva visto giusto, subordinando il patto socialcomunista a una emancipazione del Pci dall'obbedienza cieca al Cremlino. Il Fronte divenne invece realtà, per sfortuna dei socialisti (ma se l'erano cercata), proprio nei mesi in cui l'URSS, impegnata nella guerra fredda, e decisa a trasformare in proconsolati o semicolonie tutti i paesi occupati dall'Armata Rossa, pretendeva che i partiti comunisti occidentali non solo tollerassero, ma acclamassero. Puntualmente, era obbedita. A braccetto con il Pci, il Psi si trovò costretto ad applaudire – tra mugugni nelle sue file – le peggiori infamie. Il colpo di stato di Praga – al quale abbiamo già fatto riferimento nel sesto capitolo – precedette di due mesi scarsi le elezioni politiche del 18 aprile 1948. A Stalin, che attuava un disegno brutale e coerente, questa consultazione in un Paese che Yalta poneva al di fuori della sua sfera di influenza interessava molto meno della *mainmise* all'Est.

Ma la tragedia cecoslovacca, con gli arresti, le persecuzioni, le epurazioni attuate da Gottwald con la collaborazione dello spietato ministro dell'Interno Nocek fu una tragedia anche per i socialisti. La reazione pavloviana del Pci e dell'*Unità* a quei fattacci era scontata, anche se abbietta: le centrali spionistiche e reazionarie americane avevano ordito un complotto sventato dal sano popolo lavoratore. Ma i socialisti, cui giungevano via via gli echi delle martellate con cui si crocifiggeva la democrazia cecoslovacca, dei penosi cedimenti di Beneš, del sacrificio di Masaryk, dovevano associarsi all'ostentato tripudio dei compagni comunisti. E cianciarono anch'essi di «vittoria di popolo» a Praga e di «smarrimento dei circoli reazionari». Nenni non ritenne valesse la pena di dedicare una sola riga del suo diario al secondo olocausto della Cecoslovacchia, né di distinguere in pubblico le posizioni del suo partito da quelle di Togliatti. Perfino nel rifiuto del piano Marshall il Psi finì per accodarsi docilmente, con temporanei ripensamenti, ai comunisti. Quando a Londra i laburisti indissero una conferenza internazionale per convincere i socialisti italiani a recedere dall'opposizione al generoso piano americano, la delegazione del Psi (Morandi, Vecchietti, Amaduzzi) «ha piantato in asso la riunione. E ha fatto benissimo». Il commento è di Nenni, che si sentiva euforico perché il 15 febbraio, a Pescara, in una votazione amministrativa, il Blocco del popolo socialcomunista aveva conquistato la maggioranza assoluta.

CAPITOLO NONO

LA VIGILIA

Il Fronte democratico popolare di Togliatti e Nenni non comprendeva soltanto i comunisti e i socialisti. Vi erano incluse formazioni minori, come la Democrazia del lavoro, il Partito cristiano sociale – flebile contraltare trasformista della Democrazia cristiana – e anche elementi socialdemocratici e repubblicani. Questa tecnica d'un blocco – antifascista, resistenziale e laico – che si opponesse alle bieche forze dell'oscurantismo, riecheggiava – ed era, alla luce di ciò che andava accadendo un'eco per più motivi sinistra – altre coalizioni «democratiche» attuate e imposte nei Paesi dell'Est. Nelle liste uniche «popolari» a più voci, contavano solo le voci comuniste e socialiste. Si sarebbe poi visto anche in Italia alla luce dei risultati che il Pci aveva tutto organizzato per farsi la parte del leone: nella vittoria, se ad essa si fosse arrivati, ma anche nella disfatta che invece si avverò. Sulla trincea opposta stava essenzialmente la Dc, cui in caso d'esito incerto si sarebbero affiancati i socialdemocratici, i repubblicani, e i conservatori dell'alleanza stretta tra i liberali e l'Uomo Qualunque.

Le elezioni del 18 aprile erano un avvenimento decisivo, quale che fosse l'angolazione da cui lo si considerava. Walter Lippmann ne individuò con molta lucidità, in uno scritto della vigilia, la straordinaria importanza. «Dopo la seconda guerra mondiale – scrisse – l'Armata Rossa è avanzata fino al centro dell'Europa. Tutti i Paesi rimasti alle sue spalle sono stati sottoposti al dominio comunista. Ma fino a oggi nessun Paese che non sia stato occupato o circondato dall'Armata Rossa è diventato comunista... Se il popolo e il governo italiano si arrendono ora al comunismo, l'Italia sarà il primo Paese in cui la sola quinta colonna comunista, separata dalle altre quattro colonne dell'Armata Rossa, sarà riuscita a conquistare uno Stato moderno. Il risultato in Italia dimostrerà dunque se il Cremlino può o meno assicurarsi il controllo dell'Europa attraverso la guerra fredda.» Questo era il dilemma. È molto facile parlare oggi di atmosfera isterica, di toni apocalittici del clero, di metodi propagandistici che arrivavano al ricatto: ricatto della fame (se votate Fronte popolare gli Stati Uniti non ci aiuteranno più), o ricatto religioso (la scomunica per gli aderenti al blocco socialcomunista). La posta legittimava ogni mezzo. Dall'una e dall'altra parte ci si batté con il randello, non con il fioretto: si può riconoscerlo e magari deplorarlo, aggiungendo peraltro che le caratteristiche della lotta imponevano quel comportamento.

La Chiesa si batté in prima linea ammettendo e addirittura ostentando questo suo interventismo che in taluni momenti dovette parere eccessivo anche allo stesso De Gasperi. Pio XII aveva già detto che la scelta era «con Cristo o contro Cristo». I vescovi di grandi diocesi – Ildebrando Schuster a Milano, Giuseppe Siri a Genova, ma anche altri – precisarono che costituiva peccato mortale sia il non votare sia il votare «per le liste e per i candidati che non danno sufficiente affidamento di rispettare i diritti di Dio, della Chiesa e degli uomini». La distinzione, che sarebbe venuta con Giovanni XXIII, tra l'errore e l'errante, era sconosciuta a questa dura impostazione. I presuli presero cura di precisare che il comunismo era contrario alla fede – a coloro che ne condividevano l'ideologia doveva essere negata l'assoluzione – «anche quando si presenta, come attualmente accade, sotto spoglie che non sono sue».

In apparenza il legame tra la Democrazia cristiana e la

Chiesa – che era operativamente un legame tra la Democrazia cristiana e le parrocchie – assicurava una penetrazione capillare nell'universo dei credenti al messaggio politico democristiano. Esisteva inoltre l'Azione Cattolica, che il fascismo aveva compresso e condizionato ma mai soppresso, ed esisteva la Spes, il Servizio propaganda e studi della Dc sorto a metà del 1947 proprio per rendere più efficace l'azione del partito. In questa struttura Pio XII e il suo prosegretario di Stato, mons. Montini, dovettero tuttavia avvertire lacune e debolezza. Si affidarono allora a Luigi Gedda, presidente degli uomini di Azione Cattolica, per la creazione, nel febbraio del 1948, dei Comitati Civici.

Luigi Gedda, uno studioso che era stato allievo del famoso endocrinologo Pende, e che si era specializzato in ricerche sui gemelli, era l'esponente di un integralismo cattolico esasperato. Dal '34 al '46 aveva diretto, con indubbio talento organizzativo e slanci mistici, il settore giovanile dell'Azione Cattolica, per essere poi preposto agli uomini di A.C. Era ambizioso, e probabilmente riteneva che le sue qualità meritassero più alti riconoscimenti: ne faceva fede una lettera – rimasta senza risposta – che indirizzò a Badoglio, dopo il 25 luglio 1943. «Le forze dell'Azione Cattolica moralmente sane, di provata fedeltà alla patria e scevre di passionalità politica – proponeva – possono essere vantaggiosamente impiegate.» E indicava una vasta gamma di utilizzazioni, che avrebbero portato l'Azione Cattolica a surrogare la Gioventù italiana del Littorio, l'Opera nazionale dopolavoro, l'Opera nazionale maternità e infanzia, e via dicendo. Infine Gedda si dichiarava pronto a suggerire persone idonee a dirigere l'Eiar (la Rai dell'epoca) per «controbattere la propaganda sovversiva del fuoruscitismo comunista favorita dalle radio straniere le quali fanno opera di disfattismo spirituale, patriottico e politico».

Quest'uomo impastato di fede e di arrivismo era però riuscito a radunare in Piazza San Pietro, davanti al Papa, nel settembre del 1947, settantamila «baschi blu» (il colore, spiegò, gli era stato ispirato dal gran mazzo di fiordalisi offerto alla Madonna di Lourdes, durante un pellegrinaggio) e in altre occasioni masse imponenti di baschi verdi, creati poco dopo. Pio XII fu conquistato dalla sua sicurezza e dalla sua fermezza. De Gasperi ne era più impensierito che affascinato. Pensava in particolare agli interessi della Dc, al pericolo d'un secondo partito cattolico, alla concorrenza dei Comitati Civici nella raccolta di fondi elettorali.

Gedda, forte del *placet* Vaticano, si diede a tessere una rete di trecentomila volontari affiancati alle 22 mila parrocchie italiane. E ritenne sempre d'aver avuto un ruolo determinante nel successivo trionfo. «Il 18 aprile – dichiarò – è stata una bella pagina scritta dall'Italia cattolica, un'Italia che per quasi un secolo era rimasta in stato di clandestinità. La vittoria fu della Dc, ma questa fu la veste di circostanza della protagonista, l'Italia cattolica che si era andata preparando da almeno tre generazioni a questo grande momento... Dovevamo svegliare il gigante addormentato, chiarirgli le idee, spingerlo a raccogliere l'indimenticabile appello del Vicario di Cristo.»

I dirigenti democristiani del tempo tendono a ridimensionare, se non a minimizzare, l'apporto dei Comitati Civici, rilevando, come Gonella, che «la nostra forza veniva dalle parrocchie... e anche senza l'intervento di Gedda questo appoggio non ci sarebbe certamente venuto a mancare». Andreotti ha riconosciuto ai Comitati Civici un contributo prezioso nel «portare la gente a votare», insegnare ai meno colti dove bisognava mettere la croce, coniare *slogans* efficaci come «coniglio chi non vota», in riassunto «scuotere gli strati più assonnati della popolazione». Le sinistre, e i radical-chic che hanno in odio il 18 aprile, insistono sui risvolti superstiziosi e pittoreschi di quella mobilitazione e ricordano «le Madonne che piangevano e muovevano gli occhi». Ma c'era ben altro.

C'era anzitutto il netto miglioramento della situazione economica, dovuto insieme alla politica di risanamento einaudiana e al consistente appoggio americano. Ormai la crescita dei salari aveva sopravanzato quella del costo della vita (rispetto al 1939 il rapporto nella primavera del 1948 era di 1 a 49 per il costo della vita, di 1 a 51 per i salari). Non mancavano gli elementi negativi, come la crescita dei disoccupati di mezzo milione d'unità, ma la gente avvertiva che l'Italia stava economicamente risorgendo. E avvertiva inoltre che questo slancio avrebbe perso ogni vigore qualora l'Italia avesse votato per il Fronte.

Nel periodo tra la metà del '47 e la metà del '48 – che richiedeva una saldatura tra gli aiuti dell'UNRRA, finiti, e gli aiuti del piano Marshall, ancora da iniziare – Washington destinò all'Italia un contributo di emergenza di trecento milioni di dollari, essenzialmente in alimentari e medicinali. Fu stabilito che l'arrivo in un porto italiano di ogni centesima nave di aiuti fosse celebrato con una cerimonia cui intervenisse il dinamico ambasciatore Dunn. I comunisti ne trassero spunto per accusare l'ambasciatore di essersi trasformato in propagandista della Dc: e sostennero che l'Italia vendeva agli americani la sua indipendenza in cambio di cibo.

Ma gli italiani, che non sono sciocchi, sapevano che l'URSS non avrebbe mai voluto né potuto fare alcunché di simile: e che se, per pura ipotesi, l'avesse fatto, la gratitudine comunista per il generoso gesto del Paese del socialismo avrebbe di gran lunga superato, in servilismo e piaggeria, ogni manifestazione filoamericana. Dunn, – chi può negarlo? – collaborò apertamente con il governo, ossia con la Dc. Ogni opera e iniziativa finanziata dagli USA nasceva tra discorsi inneggianti all'amicizia italoamericana e all'opera del governo De Gasperi. Sarebbe stato strano fosse avvenuto il contrario. L'America intera – gli italoamericani in particolare, ma anche gli altri – si sentiva coinvolta nella contesa elettorale; centinaia di migliaia di americani – sollecitati da una campagna insistente e intelligente – inviarono lettere a cittadini italiani, di loro conoscenza o non, per esortarli a non dare un voto – al Fronte – che avrebbe significato l'esclusione dell'Italia dal piano Marshall, il blocco all'emigrazione italiana negli Stati Uniti, e anche, per completare la rosa dei castighi, la maledizione di Dio. Dove si può supporre che la minaccia trascendente contasse assai meno di quelle concrete e attuali.

Il Fronte, conscio del peso che la minaccia di interruzione degli aiuti americani poteva avere sulle elezioni, tentò di parare il colpo: e andava spiegando – a mezza bocca i comunisti, ammanettati a Mosca che del piano Marshall era nemica, un po' più chiaramente i socialisti – che quand'anche le sinistre avessero vinto, gli invii USA sarebbero stati bene accettati. La contromosssa americana fu risoluta. Con una serie di dichiarazioni sempre più perentorie il governo di Washington – direttamente o attraverso indiscrezioni di stampa lasciate volutamente filtrare – ammonì gli italiani: non potrete, diceva in sostanza, essere nemici dell'America e mungerla nello stesso tempo. Finché venne una conferenza stampa in cui Michael McDermott, alto funzionario nel Dipartimento di Stato, dissipò ogni possibile equivoco. «I comunisti in Italia hanno sempre detto di non volere l'Erp (European Recovery Program, etichetta ufficiale del piano Marshall, *N.d.A.*). Se i comunisti vinceranno – cosa che non possiamo credere, conoscendo lo spirito e lo stato d'animo del popolo italiano – non si porrà più il problema di un'ulteriore assistenza economica da parte degli Stati Uniti.»

Nel caso non bastasse, il generale Marshall in persona

intervenne a Berkeley il 20 marzo 1948: «Dato che l'associazione all'Erp è completamente volontaria, i cittadini di ogni Paese hanno il diritto di cambiare idea e, in effetti, di ritirarsi. Se decidono di votare per mandare al potere un governo nel quale la forza politica dominante... ha spesso, pubblicamente ed enfaticamente proclamato la propria ostilità per questo programma, questo voto potrebbe essere giudicato solo come una prova del desiderio di tale Paese di dissociarsi dal programma stesso. Al nostro governo non rimarrebbe che prendere atto che l'Italia si è tagliata fuori dai benefici dell'Erp».

Queste prese di posizione furono vituperate dalle sinistre come ricattatorie. In questa ottica tutta la politica internazionale è ricattatoria, specie nei rapporti bilaterali. Il ricatto americano aveva almeno una particolarità positiva: domandava al popolo italiano di decidere, con il voto, cosa dovesse essere dato, e cosa dovesse essere ottenuto. Ai popoli dell'URSS e dei satelliti questa facoltà di scelta, per il piano Marshall, era stata negata.

La strategia occidentale per influire sulle elezioni non poteva ignorare né la ferita giuliana, tuttora sanguinante, né in generale le dure condizioni del trattato di pace. Agli americani si associò volonterosamente, su questo terreno, il ministro degli Esteri francese Bidault, che a un certo punto parve perfino disposto a restituire una parte dei territori alpini tolti meschinamente all'Italia, e propose che fossero ridate all'Italia stessa, senza condizioni, le vecchie colonie (ma qui si scontrò con un inflessibile diniego inglese). Il perno delle iniziative restava comunque Trieste, dove il Territorio libero tardava a prendere forma, e non si era ancora arrivati alla designazione di un governatore. Gli Occidentali temevano tra l'altro – in base a rapporti probabilmente infondati dei loro diplomatici – che l'URSS potesse giuocare d'anticipo, e pronunciarsi per un ritorno della zona A all'Italia.

Il 20 marzo (1948) Bidault s'incontrò a Torino con Sforza e gli comunicò, anche a nome degli americani e degli inglesi, una nota in cui si proponeva che il Territorio libero tornasse sotto la sovranità italiana. Poiché era fuori discussione che gli iugoslavi cedessero la zona B, il passo riguardava in sostanza la zona A. L'URSS, cui la nota era anche diretta, esitò a rispondere, e quando lo fece il suo fu un *niet* appena camuffato da formule giuridiche. Nenni commentò che «i tre regalano ciò che non hanno (la sorte di Trieste dipende dalla Iugoslavia) e si tengono quello che hanno (Briga, Tenda, le Colonie)». L'*Unità* si scagliò contro il «volgare tentativo di trascinare l'Italia in un'atmosfera di guerra». La nota tripartita ebbe per il momento valore platonico sulla sorte di Trieste: probabilmente non solo platonico sul voto.

Qualcuno – ad esempio Antonio Gambino nella sua *Storia del dopoguerra* – ha dedicato molta attenzione all'ipotesi d'un intervento militare americano se il Fronte avesse prevalso. A Washington la fiducia – per la verità crescente a mano a mano che il 18 aprile si avvicinava – si alternava a fasi di pessimismo. I pronostici degli esperti davano al Fronte tra il 37 e il 45 per cento dei suffragi, nessuno osò prevedere quanto sarebbe stata bassa la sua marea, coincidente con l'altissima marea democristiana. Il Dipartimento di Stato e il Consiglio nazionale di sicurezza, organismo quest'ultimo che è alle dirette dipendenze del Presidente, esaminarono in diversi documenti le opzioni che potevano presentarsi in vista del 18 aprile. Non mancarono opinioni drastiche e avventurose, come quella di George Kennan, allora direttore del Policy Planning Staff, che si domandava se al governo italiano non convenisse mettere fuori legge il Partito comunista, rimandando *sine die* le elezioni. Secondo Kennan una guerra civile, cui sarebbe seguito l'intervento militare americano, con una possibile divisione dell'Italia, «sarebbe preferibile a una vittoria elettorale (del Fronte) senza spargimento di sangue e senza nostra opposizione che darebbe ai comunisti l'intera penisola e disseminerebbe il panico nelle aree circostanti». Ma il Dipartimento di Stato annotò, a lato di questa relazione, che le idee in essa espresse erano «poco sagge». L'autore della postilla volle probabilmente usare un eufemismo.

Il Consiglio nazionale di sicurezza – che aveva ben presenti, non dobbiamo dimenticarlo, le esperienze dei paesi dell'Est – stabilì, nella più dura tra le sue indicazioni, che in caso di dominio comunista del governo italiano «con mezzi legali» si potesse ricorrere a una mobilitazione parziale delle Forze armate americane anche ripristinando la coscrizione obbligatoria «come chiara indicazione della decisione degli Stati Uniti di opporsi all'aggressione comunista e di proteggere la sicurezza nazionale». Era consigliato inoltre che gli USA rafforzassero le «posizioni militari nel Mediterraneo» (ossia, ne deduce arbitrariamente Gambino, avrebbero staccato dall'Italia la Sicilia e la Sardegna) e inoltre fornissero «ai gruppi clandestini anticomunisti assistenza finanziaria e militare». È evidente da questo contesto che il Consiglio nazionale di sicurezza fondava le contromisure sul presupposto che si fosse consolidato in Italia un regime comunista «tipico», ossia oppressivo e intimidatorio: tale cioè da costringere gli oppositori ad agire nella clandestinità. In questo scenario estremo le misure ventilate sono rimarchevoli più per il loro grado di prudenza che per quello di interferenza nelle vicende italiane.

«Il Fronte vince – vota Fronte.» Questo era lo *slogan* primario dell'alleanza socialcomunista, corredato da altre parole d'ordine accessorie che insistevano sulla soggezione del governo a forze estranee e reazionarie (gli Stati Uniti, il Vaticano) e sulla dubbia italianità dello stesso De

Gasperi il cui cognome veniva distorto in Von Gasper. L'affluenza ai comizi di sinistra era immensa, e i *leaders* più emotivi ne erano ubriacati. Il Fronte contrapponeva il suo radioso futuro progressista al capitalismo clericale e austriacante del governo, imputava a De Gasperi le concessioni agli imprenditori con l'arricchimento ruggente di molti, il colpo di spugna sull'epurazione, il tradimento della Resistenza. Gli intellettuali s'erano schierati largamente con le sinistre; un appello lanciato dall'Alleanza per la cultura aveva raccolto quattromila firme. Molte erano di opportunisti e conformisti i quali sapevano che se la Dc avesse vinto, la loro adesione allo schieramento opposto non li avrebbe pregiudicati, mentre se avesse vinto il Fronte l'averlo subito preferito sarebbe stato di enorme vantaggio. Ma si contarono tra i firmatari anche uomini eminenti che in nome del laicismo e della tradizione risorgimentale e anticlericale finivano per identificare la libertà di pensiero con le sinistre, e l'oscurantismo con De Gasperi e i suoi alleati. Così figurarono nelle liste Arturo Carlo Jemolo, Giacomo De Benedetti, Guido Calogero, Giacomo Devoto.

L'ottimismo dei *leaders* non era soltanto di maniera. Secondo Nenni «le prospettive del Fronte stanno tra la certezza della maggioranza relativa e la possibilità della maggioranza assoluta». Da un riassunto pubblicato dall'*Unità* la mattina stessa del voto risultava che tutti i «federali» comunisti esprimevano la fiducia in avanzate massicce, uno scatto in avanti dall'otto al dieci per cento nel Lazio e in Abruzzo, abbondanti maggioranze assolute in Toscana, in Emilia, in Liguria, in Piemonte, forti affermazioni anche nel Sud.

A posteriori Giancarlo Pajetta spiegò che i comunisti, avendo visto che il loro appello «era stato accolto anche da gruppi di socialdemocratici, di cattolici di sinistra, di repubblicani, di intellettuali progressisti», erano convinti «di essere riusciti a ricreare un'atmosfera simile a quella del CLN» e le piazze plaudenti «ci confermavano nella certezza di avere con noi la maggioranza del Paese...».

Tale era la fiducia in un successo che Togliatti e Nenni si posero il problema della Presidenza del Consiglio. Lelio Basso ne discusse con entrambi e, rievocando quei conciliaboli, rivelò poi che secondo Nenni il posto toccava senza dubbio ai socialisti, mentre Togliatti, cauto e insinuante, obbiettava che in teoria un socialista sembrava più indicato d'un comunista per occupare quella poltrona senza allarmare i ceti medi, ma che, essendosi Nenni «qualificato come un estremista», forse la moderazione da lui stesso (Togliatti) dimostrata «lo rende ormai accettabile a larghi strati della borghesia». Da altre fonti fu invece riferito che i socialcomunisti pensavano a un Presidente del Consiglio indipendente, o alla designazione d'un democristiano di sinistra come Gronchi (il che implicava evidentemente una sorta di «compromesso storico» *ante litteram*).

Vi fu anche una *querelle* preelettorale sul comportamento che il Capo dello Stato avrebbe dovuto tenere nel caso il Fronte avesse avuto la maggioranza relativa. I socialcomunisti sostennero che De Nicola fosse tenuto, come primo atto, a offrire l'incarico di formare il governo a un esponente della formazione più forte (il problema sarà riaffacciato negli anni '80, quando diventerà concreta l'eventualità di un sorpasso comunista in danno della Dc). La Dc era di tutt'altro avviso, e affermava che in una repubblica parlamentare non conta l'entità numerica del partito più forte, ma l'entità numerica di una possibile concreta maggioranza.

De Nicola non rappresentava, contro quella che i democristiani e i loro alleati consideravano un'insidia politica, giuridica e costituzionale, una buona difesa, anzi. Citiamo dal *Da Vittorio Emanuele a Gronchi* di Domenico Bartoli: «Nei corridoi romani si diceva che De Nicola, prima che fossero conosciuti i risultati del 18 aprile, avesse scoperto una semplice regola aritmetica per risolvere il più grave problema politico che si ponesse al Capo dello Stato: quella di affidare il potere al *leader* del gruppo parlamentare più numeroso... Sembra dubbio che De Nicola potesse effettivamente ricorrere a questo espediente infantile per non prendere nessuna responsabilità su di sé. Ma la voce era insistente». Fu una voce che in definitiva giovò a De Gasperi. Questi poté infatti proclamare che per sventare il pericolo «rosso» non bastava fare della Dc il partito singolarmente più forte. Bisognava dare alla sola Dc un solido vantaggio sul Fronte.

Le ultime illusioni il Fronte le ebbe dai comizi di chiusura della campagna elettorale. Per ascoltare Togliatti in Piazza San Giovanni, la sera di venerdì 16 aprile affluì a Roma una folla oceanica. Questo politico professorale, che citava i classici e ostentava finezze da erudito, cedette allora, forse per deliberato calcolo, forse per tracotanza, forse perché eccitato dalla massa, alla volgarità che del resto in lui conviveva benissimo con la cultura. Poiché De Gasperi gli aveva rinfacciato d'aver «come il diavolo, il piede forcuto» Togliatti replicò che, tentato per un momento di mostrare che i suoi piedi erano normali, aveva poi cambiato idea: «Mi tengo le scarpe ai piedi, anzi ho fatto mettere ad esse due file di chiodi e ho deciso di applicarle a De Gasperi dopo il 18 aprile in una parte del corpo che non voglio nominare». I militanti erano in delirio. Ma durò poco.

Abbiamo riassunto gli elementi – politici, sociali, economici, emotivi – che prepararono il 18 aprile. Ma questa serie di addendi, che pur dovevano essere illustrati, non dà la somma alla quale si pervenne. Sbagliava Gedda, nel suo oltranzismo clericale, riducendo il trionfo della Dc a una rivalsa, se non a una vendetta, dell'Italia cattolica: perché la misura di quel trionfo – lo dissero i successivi referendum riguardanti problemi che incidevano direttamente sul terreno della fede – superò di gran lunga l'ambito del mondo clericale e parrocchiale e anche dei credenti praticanti. Sbagliò chi vide nel risultato esclusivamente l'effetto d'un ricatto della fame. La scelta incluse anche questi elementi. Ma fu, consapevolmente o inconsapevolmente, di più ampio respiro: fu – o almeno fu intesa – come scelta tra libertà e non libertà. Gli italiani sono abbastanza smaliziati per capire i trucchi e gli inganni della propaganda politica. Ma sapevano, o sentivano, che sotto le affermazioni e le promesse della Dc v'era un solido fondo di verità.

Il «mito dell'America», la «rendita di posizione degli Stati Uniti» per usare le espressioni di Gambino, non erano il frutto di leggende: derivavano da conoscenze ed esperienze, magari eccessivamente acritiche, ma vere. La potenza, lo sforzo di solidarietà, la democrazia degli Stati Uniti erano fatti, non fanfaluche. Così come erano percepiti intensamente l'onestà di Alcide De Gasperi, il suo liberalismo di fondo, il sostanziale pluralismo della Dc dove si dispiegava un arco di opinioni – quasi di ideologie – che andava dalla destra monarchica alla sinistra che sarebbe poi stata definita catto-comunista: e dove non mancavano, già allora, esponenti tutt'altro che teneri verso quella potenza protettrice – gli Stati Uniti – che pure dava loro un totale appoggio.

Nell'affresco elettorale democristiano spiccavano le tonache dei preti, i bigotti, le pinzòchere, i baschi blu, i baschi verdi, le Madonne pellegrine. Ma dietro quelle figure appariscenti, la vera forza stava sullo sfondo. Era la forza di chi voterà Dc – svuotando gli altri partiti moderati o centristi – per salvaguardarsi da una sorte, politica ed economica, tipo repubblica popolare dell'Est. Il ragionamento di Gedda va radicalmente rettificato, se non rovesciato.

Non vi fu un'Italia cattolica che si rivestì di panni democristiani; vi fu un'Italia democratica, liberale, anticomunista che rivestì – insieme all'Italia propriamente cattolica – panni democristiani.

Il Fronte, che attribuì poi la sconfitta ai voti delle beghine analfabete, ebbe invece il torto di fidare troppo sulla ignoranza e sprovvedutezza dell'elettorato. Non che talune particolari critiche dei socialcomunisti alla gestione di De Gasperi e di Einaudi fossero irragionevoli. Vennero commessi, dalla Dc e dai suoi governi, in quegli anni e ancora più negli anni successivi, errori gravi: ma non fu commesso né tentato il crimine supremo di togliere la libertà.

Il Fronte si sforzava di spiegare che, dandogli il voto, il popolo italiano avrebbe avuto un avvenire più democratico, ma poi portava come modello politico e sociale l'Unione Sovietica. Questo non era abbellimento propagandistico della realtà. Era menzogna. Mentivano gli oratori del Fronte, mentivano più di ogni altro i notabili del Pci quando, di ritorno dai loro frequenti viaggi in URSS o nei Paesi ad essa assoggettati, descrivevano le meravigliose conquiste di quei popoli, e le condizioni di vita ideali ad essi assicurate, in contrapposto alla miseria e alle sofferenze degli operai e dei contadini italiani.

La faziosità è ammessa, tra avversari: ma la falsità di questi confronti superava i limiti della decenza. Già si sapeva abbastanza di Stalin e dei suoi sistemi, anche se non tutto. La Dc utilizzò quelle verità per screditare la campagna delle sinistre. La conseguenza fu che la propaganda socialcomunista, smantellata nel suo cuore ideologico, divenne poco credibile anche là dove era sorretta da buone ragioni. Fu una tragedia soprattutto per i socialisti. Almeno i comunisti recitavano il loro copione. Ma il Psi dovette adattarsi a una complicità da molti sofferta: come Vittorio Foa che poi rimpianse d'aver dovuto, per dovere di militante, gettare «chi comunque la pensasse diversamente da noi nel campo degli imperialisti e dei rinnegati».

In un discorso elettorale il ministro dell'Internò Scelba aveva avvertito che «nel caso di violenza o di attentati alla libertà del voto, il governo è pronto a intervenire anche durante le votazioni, per sospenderne lo svolgimento». Il che corrispondeva allo *slogan* dallo stesso Scelba lanciato: «O votano tutti, o non vota nessuno». Togliatti aveva polemizzato con lui sostenendo che spettava al nuovo Parlamento di pronunciarsi sulla regolarità delle elezioni, e che il governo non aveva la facoltà di intervenire mentre erano in corso. I sospetti e le accuse di disordini, brogli, pressioni indebite sugli elettori, e anche di un colpo di Stato a risultati ottenuti, correvano in entrambi i campi.

Scelba ha successivamente spiegato, in una conversazione con Gambino, che «era stata messa a punto un'infrastruttura capace di far fronte a un tentativo insurrezionale comunista». A questo scopo l'intero Paese era stato diviso in una serie di grosse circoscrizioni, comprendenti varie province, e affidate a un funzionario, una sorta di prefetto regionale, riservatamente designato per assumervi la responsabilità dell'ordine pubblico in caso di emergenza. Il designato non era necessariamente il prefetto più importante. Poteva anche essere un questore che godesse dell'assoluta fiducia di Scelba. Inoltre, per impedire che i socialcomunisti paralizzassero il sistema di comunicazioni impadronendosi dei gangli vitali, «avevamo organizzato un sistema di comunicazioni alternative, servendoci come punti di appoggio d'un certo numero di navi italiane e alleate presenti nel Mediterraneo».

Nei ranghi del Fronte (ma quasi esclusivamente tra i comunisti), furono adottate misure per l'emergenza. Secchia era fatto apposta per preparare le ore X, e fu attivissimo in quei giorni, con la collaborazione di Nino Seniga, viceresponsabile della Commissione di vigilanza. Furono verificati e rafforzati i collegamenti con ex-partigiani, furono fissate parole d'ordine e sistemi di comunicazione. «I capi delle brigate partigiane che si sono sciolte solo tre anni prima – ha scritto Miriam Mafai – riprendono contatto con i loro uomini. Quello che si prepara può essere un nuovo 25 aprile: la consegna è di tenersi pronti ad ogni evenienza. E gli uomini dissotterrano le armi, le preparano e in molte zone addirittura tornano ad ostentarle in segno di prematura vittoria o minaccia.»

Un fratello di Pietro Secchia, Matteo, andava e veniva dall'ambasciata sovietica portandone consigli, ordini, e si può facilmente supporre, anche fondi. Fu affannosa la ricerca di recapiti clandestini per i maggiorenti del Pci. Citiamo ancora la Mafai: «Appartamenti, ville e casali vengono acquistati, altri vengono affittati per conto del partito da prestanome assolutamente insospettabili (generalmente professionisti che non risultavano iscritti al Pci), altri infine vengono messi a disposizione da ignare zie, nonne, cugine di fedeli militanti appartenenti alla buona borghesia romana e milanese. Di tutti questi appartamenti e recapiti, di città e di campagna, Nino Seniga ha una pianta dettagliata, nome del proprietario, indirizzo, telefono. Ed è lui, con gli altri compagni della Vigilanza, a decidere dove dovranno rifugiarsi, nei giorni del pericolo, i dirigenti più autorevoli del partito. Va a finire che Togliatti – che in verità detesta questi spostamenti – è costretto a dormire per alcune notti in una stanzetta dell'Istituto Eastmann, in viale della Regina, una stanza cui poteva avere accesso solo uno dei medici di servizio. Non dormono a casa loro, naturalmente, nemmeno Secchia, né Longo, né Scoccimarro, né D'Onofrio. Non dormono a casa loro i segretari regionali e provinciali. I membri della Direzione hanno avuto tempestivamente assegnato un recapito dove, qualunque cosa fosse accaduta, sarebbero stati al sicuro, e assieme al recapito avevano ricevuto documenti falsi e una somma di denaro, una somma assai alta, sufficiente per uscire dal Paese se necessario o, se necessario, per rimanervi in condizioni di illegalità. I documenti più importanti del partito erano già stati messi in salvo per tempo». Si può ammirare la prudenza, l'esperienza, la disposizione alla lotta, comunque gli fosse imposta, del Partito comunista. Ma si deve anche osservare che le cautele del Pci erano il riflesso d'una sua peculiare concezione della vita politica, e della conquista del potere. Secchia attribuiva agli avversari le intenzioni che egli avrebbe indubbiamente covato, se si fosse trovato al loro posto.

Nenni non aveva di questi patemi. Attese le notizie a Gussago, presso Milano (dove votò), nella villa d'un amico del quale era abitualmente ospite quando andava nella capitale lombarda. Era affranto, e annotò: «Per ora non ho che un desiderio: dormire, dormire, dormire!».

CAPITOLO DECIMO
LA VALANGA

L'Italia votò compatta. L'aveva già fatto il 2 giugno 1946, quando era andato alle urne l'89,1 per cento degli aventi diritto. Questa volta la percentuale fu addirittura del 92 per cento. La sera del 19 aprile l'orientamento dell'elettorato era ormai inequivocabile. De Gasperi che, secondo il suo uomo di fiducia Giulio Andreotti, aveva atteso l'esito «in grande tranquillità, senza tradire emozione e preoccupazione», commentò asciuttamente: «Credevo che piovesse, non che grandinasse». Al *Popolo* dettò una dichiarazione molto breve: «Sento un solo orgoglio: quello di aver avuto fiducia nel popolo italiano».

Manipolando i dati ancora parziali, l'*Unità* tentò la mattina del 20 di capovolgere la verità scrivendo che si delineava «una potente affermazione del Fronte in tutto il paese» e che il blocco delle sinistre superava, secondo le prime informazioni, la Democrazia cristiana. Ma Nenni riconosceva, in quelle stesse ore: «Nessun dubbio, siamo battuti». All'*Avanti!* trasmise queste istruzioni: «Reputo opportuno un commento realistico con l'aperto riconoscimento della nostra sconfitta che ci lascia sereni nella coscienza di avere tentato di portare avanti una politica giusta. Sottolineare che abbiamo sottovalutato l'influenza di tre fattori: la Chiesa, l'America, la secessione (saragatiana, *N.d.A.*). Staremo coerentemente all'opposizione lavorando perché le cose cambino al più presto possibile». Il giorno successivo annoterà, con una sorta di candore: «Come mai ci è sfuggito il senso di paura al quale dobbiamo la sconfitta? Siamo dunque così staccati dal Paese da non saperne più controllare i sentimenti e le opinioni?».

I risultati definitivi diedero la misura della vittoria democristiana e della sconfitta socialcomunista. Al partito di De Gasperi era andato il 48,5 per cento, contro il 35,2 del voto per la Costituente; al Fronte il 31 per cento contro il 39,7 di due anni prima. I socialdemocratici (7,1 per cento) avevano ottenuto, in condizioni difficili, un'affermazione notevole. Tutte perdenti le altre formazioni. Quasi dimezzati i repubblicani (dal 4,4 al 2,5 per cento), sostanzialmente distrutta la coalizione liberal-qualunquista. L'Unione democratica (ossia il partito liberale con la benedizione dei «grandi vecchi» del prefascismo) aveva conquistato il 2 giugno il 6,8 per cento dei suffragi, l'Uomo Qualunque il 5,3: totale 12,1. Questa volta dovettero accontentarsi, insieme, del 3,8 per cento. La Dc aveva assunto a pieno titolo la rappresentanza politica dei moderati, decretando il declino liberale e la rapida marcia verso l'estinzione del qualunquismo.

La Camera (574 deputati) risultò composta da trecento democristiani, centoventisei comunisti, cinquantatré socialisti, trentacinque socialdemocratici, tredici liberal-qualunquisti, tredici monarchici, dieci repubblicani storici, ventitré del gruppo misto (tra essi cinque missini). Non ci fossero stati i senatori di diritto (politici prefascisti e antifascisti) la Dc avrebbe conseguito la maggioranza assoluta anche in Senato dove si contarono, su 334 senatori, centoquarantanove democristiani, sessantasei comunisti, trentanove socialisti, ventuno socialdemocratici, undici liberal-qualunquisti, nove repubblicani storici, otto democratici di sinistra, trentuno del gruppo misto. Anche per le preferenze De Gasperi stravinse: a Roma ne ebbe 285 mila contro le 97 mila di Togliatti e le 57 mila di Nenni.

Un'analisi del voto secondo le diverse aree geografiche portava a una conclusione certa: il Fronte aveva tenuto, e in alcuni casi perfino guadagnato (Roma, Napoli, Campobasso) al sud, ma era invece franato al nord, proprio là dove riteneva d'avere le sue roccheforti. V'era stato un travaso di voti non soltanto dai socialisti ai socialdemocratici (questo poteva essere attribuito allo scisma di Palazzo Barberini) ma anche dal Fronte alla Dc, direttamente. Se ne accorse anche Giorgio Amendola, matita alla mano. L'Italia del vento del Nord aveva voltato le spalle all'utopia rivoluzionaria. Voleva lavoro, e sapeva come, e da chi, le poteva essere assicurato.

Ufficialmente il Fronte sfoderò due alibi per giustificare la disfatta: l'interferenza straniera e i brogli. Già il 22 aprile Togliatti disse: «Affermo che quella del 18 aprile non è stata una libera consultazione. Vi è stato, in modo brutale, l'intervento straniero per coartare la volontà degli elettori. La massa intermedia, oscillante e politicamente non attiva, ha subìto in grande misura le conseguenze delle violenze, intimidazioni e pressioni». In meno scoperto tono propagandistico *Rinascita* sostenne che le elezioni per il Parlamento si erano trasformate in un referendum anticomunista: e ne dedusse che era motivo d'orgoglio, per il Fronte, che un elettore su tre avesse rifiutato di prestarsi al giuoco. «Alcune illusioni di rapido successo sono cadute – ammise *Rinascita* – ma rimane nella massa lavoratrice e nelle sue avanguardie la volontà di andare avanti, per non lasciare che il Paese cada nel marasma economico, nella dipendenza dallo straniero, nell'asservimento alle vecchie caste reazionarie.»

Circa un mese dopo le elezioni, su *Cronache sociali*, Lelio Basso accennò, quasi *en passant*, a «una serie di piccoli brogli che possono approssimativamente calcolarsi dell'entità complessiva di un milione di voti attribuiti alla Dc». Fossero stati veri, e dimostrabili, quei brogli non erano poi tanto piccoli. Rappresentavano la differenza tra la maggioranza assoluta e la maggioranza relativa in Parlamento.

Ma proprio per il modo in cui ne rivelava l'esistenza, Basso attestava d'essere il primo a non crederci.

Secondo alcune testimonianze Togliatti, impassibile di fronte alla delusione dei militanti, era contento d'aver perso. A Franco Rodano avrebbe confidato: «Erano i risultati migliori che potevamo ottenere, va bene così»; in un dibattito di partito preelettorale avrebbe ostentato preoccupazione in vista d'un eventuale successo perché «se per combinazione avessimo la maggioranza alle elezioni, chi di voi sarebbe all'altezza di reggere alla situazione, se fate politica con il sentimento e non con il calcolo?». Può darsi che Togliatti si sia così espresso: con l'abitudine, acquisita in decenni di sopravvivenza staliniana, a prepararsi assicurazioni e controassicurazioni per ogni evenienza e svolta, alternava la *boutade* paradossale e la diagnosi controcorrente agli squilli di tromba dell'ottimismo. Ma dedurne che gli piacque la bastonatura politica del 18 aprile è troppo. Anche se si rendeva conto delle difficoltà di tentare in Italia ciò che era stato realizzato in Cecoslovacchia, o in Polonia, o in Ungheria, non poteva non preferire una trattativa da posizioni di forza.

È sicuro invece che della strategia togliattiana faceva parte il ridimensionamento del Partito socialista, cui toccò di portare il maggior peso della sconfitta. Il diario di Nenni è zeppo, nei giorni successivi al 18 aprile, di patetici lamenti per l'egoismo comunista. «24 aprile... Il colpo di grazia ci è dato dal gioco delle preferenze che manderà alla Camera meno di cinquanta socialisti (furono cinquantatré, *N.d.A.*) e più di centoventi comunisti. Così nella sconfitta del Fronte c'è la sconfitta del partito. Ho detto a Sandro (Pertini) che vedo in lui l'uomo che può prendere nelle sue mani la direzione per un riesame generale della situazione quale si impone.» «25 aprile. Io sono eletto a Roma, dove vengo secondo a distanza dopo Togliatti, a Palermo, dove sembra sia secondo dopo il comunista Berti, a Milano, dove riusciamo quattro socialisti su quattordici assai distanziati dai comunisti. Lelio (Basso), per il quale l'apparato della Federazione ha lavorato a fondo, mi distanzia di circa tremila voti. Ciò dimostra che in nessuno dei tre collegi i comunisti hanno votato per me. Ne sono lieto perché è la prova della mia indipendenza. Essi dovrebbero esserne umiliati come della prova del loro settarismo.» «30 aprile. Le elezioni del 18 aprile sono state l'ultima occasione per tentare nel '48 ciò che avremmo dovuto tentare nel '45 e cioè la scalata al potere... Sacrificare, come io ho fatto, una posizione personale e di partito all'unità della classe operaia, per un socialista è un titolo di onore. Ma posso io rifiutare di prendere atto che sotto bandiera, direzione, o ispirazione comunista (apparente o reale poco importa) non si vince in Occidente? Possono Togliatti e gli altri dirigenti comunisti non prendere atto di questa situazione? Oppure tutto ciò è per essi senza importanza purché ci sia un forte Partito comunista, saldamente legato alle esperienze dell'Oriente e in grado di tenere finché si produca una situazione favorevole?» Alla ricerca disperata d'una bussola nella tempesta, Nenni finì per trovarla nel malinconico pessimismo longanesiano. «Letto *In piedi e seduti* del mio conterraneo Leo Longanesi. È un libro amaro, scettico, nichilista. Una stroncatura degli italiani. Vi si sente una segreta nostalgia di Mussolini e nel contempo l'odio per il fascismo. Si coglie questo dato che purtroppo è vero: gli italiani si sono riconosciuti in Mussolini finché s'è trattato di feste, di esposizioni, di parate. Appena ha chiesto loro, con la guerra, qualcosa di serio, lo hanno abbandonato e si sono messi a sedere... Se gli italiani fossero quelli descritti da Longanesi non stupisce che a tre anni dal 25 aprile vi sia stato il 18 aprile e che nel naufragio di ogni ideale di grandezza (militare con Mussolini, civile e sociale con noi) trionfino i preti e i moderati, la parte da cui sembriamo destinati a non guarirci mai.»

Sulle piaghe socialiste anche i democristiani buttarono sale respingendo le dimissioni di deputati comunisti che, in base ad accordi tra Togliatti e Nenni, avrebbero dovuto essere sostituiti da esclusi del Psi. La Camera decise che i comunisti restassero al loro posto e i socialisti fuori. Nonostante questi dispetti vi fu tuttavia fin d'allora, da parte di De Gasperi, un assai diverso comportamento verso Nenni e verso Togliatti. Verso Nenni, anche pubblicamente, fu cortese. E in privato gli dimostrò simpatia e amicizia. Con Togliatti s'erano sempre trattati freddamente, ma dopo il 18 aprile gelidamente. Alla figlia Maria Romana De Gasperi confidò che Togliatti non lo salutava nemmeno più, se s'incontravano alla *buvette* di Montecitorio.

In pochi giorni, senza troppi problemi, De Gasperi portò a conclusione il rimpasto del suo governo, più che mai convinto – secondo l'espressione della figlia Maria Romana – di «ricollegare il primo al secondo Risorgimento». In famiglia egli ammise che la vittoria del 18 aprile diventava, per la Democrazia cristiana, un impegno fin troppo pesante. Paragonato ad essa, ogni futuro risultato sarebbe sembrato insoddisfacente. Nel nuovo Ministero entrò, come vicepresidente, il segretario della Dc Attilio Piccioni, e come ministro della Difesa Pacciardi a spese di Facchinetti. Il socialdemocratico Tremelloni fu incaricato di concertare il Cir (Comitato interministeriale per la ricostruzione) con l'Erp (piano Marshall). Le sinistre sollevarono una questione costituzionale di lana caprina, pretendendo che anche i ministri confermati prestassero giuramento, come se il loro fosse un nuovo incarico: questo perché non funzionavano e non esistevano, quand'erano stati designati, tutti i meccanismi costituzionali mancando un Parlamento investito di veri poteri legislativi (la Costituente aveva l'unico compito di elaborare la Costituzione).

Era una di quelle dispute bizantine che fanno la felicità dei giuristi e avvocati presenti in folla nel Parlamento, ma che lasciavano indifferente De Gasperi «che anzi considerava male speso il tempo che vi si doveva dedicare». Alla *vexata quaestio* di tempo se ne dedicò comunque parecchio, in un dibattito sulle dichiarazioni del governo che si distinse per i suoi toni accesi e a tratti tumultuosi, con scambi di invettive e anche di pugni. Il primo Parlamento repubblicano debuttò male: e i rancori dei socialcomunisti battuti si scontrarono con gli zeli clericali dei democristiani. Il 9 giugno socialisti e comunisti da una parte e democristiani dall'altra, per opposte ragioni eccitati da un discorso di Gullo del Pci, nel quale erano state messe sotto accusa le intromissioni della Chiesa, si cazzottarono di santa ragione. Dopodiché si alzò nell'aula un coro democristiano – abbastanza inopportuno – di «Viva il Papa», cui si contrappose un «Viva il 20 settembre» delle sinistre. Del programma e dei problemi futuri, che erano immani, ci si occupò molto meno che della cronaca e della politica elettorale retrospettiva.

Nonostante questi strascichi virulenti d'una battaglia che aveva diviso in due il Paese, De Gasperi visse allora la sua stagione più felice. Aveva grande prestigio all'estero, immenso in Italia. Era l'ora solare di un uomo grigio, l'antimussolini, ma non nel senso che Nenni, rifacendosi a Longanesi, dava all'espressione. Per il momento gli integralisti alla Gedda e quelli alla Dossetti e alla La Pira – i volti di un'altra democrazia cristiana – erano costretti ad inchinarsi al prudente tessitore. In Vaticano si placarono – anche lì per il momento – i sospetti: il debole De Gasperi si era rivelato sorprendentemente forte. L'antico suo superiore della Biblioteca Vaticana, cardinale Tisserant, gli inviò una lettera di congratulazioni senza dubbio lusinghiera, anche se vi traspariva un certo atteggiamento protettivo e didascalico: «Come Vescovo di una diocesi italiana posso dirle che mi aspetto assai da questa vittoria, che dovrebbe segnare non il termine di una battaglia contro l'ateismo materialista marxista, ma il principio di una lunga e dura lotta». La crociata, più che la politica.

Al nuovo Parlamento che aveva eletto i suoi presidenti – Ivanoe Bonomi per i senatori, Giovanni Gronchi per i deputati (quest'ultimo votato soltanto dai democristiani e solo da loro applaudito benché avesse pronunciato un discorso grondante aperture sociali) – spettava il compito di eleggere il Presidente della Repubblica.

Giulio Andreotti, che alla manovra conclusa con la nomina di Einaudi partecipò attivamente, e in prima persona, ne ha dato una versione edulcorata, o almeno semplificata: i suoi ricordi sono sovente avvolti da cellophane diplomatico. «L'onorevole De Nicola – ha scritto Andreotti – aveva più volte manifestato il fermo proposito di non cedere alle pressioni perché mantenesse il massimo ufficio. Si era dovuto anzi far fatica per indurlo a non abbandonare il suo posto prima delle elezioni politiche. Ho potuto successivamente accertare, in una conversazione proprio nel giorno dei funerali dell'onorevole De Gasperi, che sulla decisione dell'onorevole De Nicola pesò notevolmente la convinzione che il Presidente De Gasperi preferisse altro candidato. Non so da che cosa fosse nata questa sensazione, ma è certissimo che ad altra scelta De Gasperi pensò soltanto quando ebbe dalla viva voce di De Nicola il reiterato annuncio della volontà contraria alla rielezione... I rapporti tra De Nicola e De Gasperi erano sempre stati i migliori...»

Tutto questo è vero, ma può anche essere falso. Nel senso che De Nicola e De Gasperi, cortesi entrambi, sia pure con diverso stile, non erano uomini che si abbandonassero ai litigi; e anche nel senso che l'avere dalla «viva voce di De Nicola il reiterato annuncio» d'un rifiuto alla rielezione era la cosa più facile del mondo. De Nicola rifiutava sempre: e ci voleva un fine psicologo, se non uno psicanalista, per cogliere nelle umbratili profondità di quel temperamento la sottile linea che divideva il rifiuto rifiuto dal rifiuto semplice. Si può seriamente mettere in dubbio che De Gasperi spasimasse per riavere insieme a sé, e sopra di sé, quel personaggio intelligente e onestissimo, ma umorale, imprevedibile, tentennante. De Nicola lo tolse comunque d'impaccio, formalmente, dicendo che non ne voleva sapere d'una conferma, e rifugiandosi nel solito *buen retiro* di Torre del Greco. Era davvero risoluto a lasciare? Domenico Bartoli non la pensa così: «I motivi di salute non erano validi: aveva passato i settanta, ma stava bene e visse infatti ancora più di undici anni. Non si può dire neppure che avesse fermamente deciso di non occuparsi più della cosa pubblica: accettò successivamente due incarichi, la presidenza del Senato e quella della Corte Costituzionale, e non si vede perché allo stesso modo non avrebbe dovuto accogliere con favore l'offerta della presidenza più alta. In realtà il ritiro a Torre del Greco, l'anticipato rifiuto di un'eventuale rielezione dovevano servire a mettere in moto l'abituale meccanismo di clamorose insistenze, di rinnovati dinieghi, di commoventi appelli con l'epilogo della riluttante accettazione».

De Gasperi aveva in mente un suo candidato, il ministro degli Esteri Carlo Sforza. Sotto una vernice di vanità egocentrica, aggravata dall'altezzosità del portamento e da quella barbetta da *pochade*, Sforza possedeva solide qualità di statista, e di galantuomo. Oltretutto egli aveva conquistato – o s'illudeva? – il suscettibile De Nicola, che lo riteneva, tra i papabili, il più idoneo alla successione. Molti assicuravano d'aver visto sul tavolo di De Nicola a Palazzo Giustiniani una cartella con l'intestazione «per Carlo» e giuravano che v'erano descritte tutte le fasi del trapasso di potere e dell'insediamento presidenziale, così come le aveva studiate il grande procedurista napoletano.

A meno che De Nicola ostentasse la sua predilezione per Sforza perché sapeva ch'era egualmente inviso alle sinistre e alle destre, e perciò vulnerabile.

Prima però di rendere pubblica la candidatura di Sforza, De Gasperi volle che una volta di più, da Torre del Greco, De Nicola reiterasse la sua rinuncia, ufficialmente. Gli scrisse, per incarico di De Gasperi, il ministro della Difesa Pacciardi, e gli scrisse anche Sforza sollecitando in qualche modo un appoggio per se stesso. De Nicola ribadì che «date le mie condizioni di salute» era indisponibile per il Quirinale, ma rifiutò anche di recarsi a Roma per sostenere chicchessia ad evitare «qualsiasi censura sulla gravissima incostituzionalità, in questo momento, di un mio intervento, in quanto esso stabilirebbe il grave precedente che colui che abbandona il posto designi colui che deve sostituirlo». Se ne rimase in disparte, e non si fece vivo nemmeno per le consegne al successore.

Accantonata l'ipotesi De Nicola (ma il suo nome riemerse prepotentemente negli scrutini), doveva essere portata a termine l'operazione Sforza. L'esito del 18 aprile aveva rimosso, secondo logica, i maggiori ostacoli che si opponevano alla sua nomina. La Democrazia cristiana, partito insieme moderato e antifascista, dominava il Parlamento; non avrebbero dovuto più nuocere a Sforza né il suo risoluto anticomunismo, (Togliatti lo aveva definito un «servile marine americano») né il suo risoluto antifascismo.

Gli nocque, e inabissò la sua candidatura – o almeno vi aprì una falla rovinosa – la fama di *tombeur de femmes*. Non solo quella naturalmente. Si intrecciarono nell'infortunio di De Gasperi – il primo d'una lunga serie d'infortuni dei *leaders* democristiani nelle designazioni presidenziali – anche motivazioni politiche. Ma la «questione morale» (o questione sessuale) ebbe un peso notevole. Nelle prime due votazioni, in cui era richiesta – come nella terza – la maggioranza di due terzi il grosso fu diviso, suppergiù in parti uguali, tra De Nicola cui andavano i voti delle sinistre e di altri gruppi, e Sforza, con qualche residuo a Einaudi, Bonomi, Facchinetti, Casati. Al primo scrutinio (10 maggio 1948) si contarono 535 voti per Sforza e 396 per De Nicola, con una sortita di «franchi tiratori» tra i democristiani. Al secondo scrutinio Sforza sembrò avviato alla vittoria con i suoi 405 suffragi, mentre De Nicola regrediva a 336, e i saragatiani sfoderavano il nome di Pieraccini. Secondo Nenni a quel punto «Saragat ha offerto i quarantanove voti del suo gruppo contro compensi in sede governativa». De Gasperi rifiutò. Ma se i democristiani fossero rimasti compatti, alla quarta votazione – con la maggioranza semplice – Sforza sarebbe passato. Invece in casa democristiana c'era maretta. Una riunione dei gruppi parlamentari rivelò a De Gasperi che Sforza sarebbe probabilmente caduto in altre imboscate guerrigliere. Ai deputati e ai senatori che lo applaudivano mentre entrava nella sala dov'era stato convocato il gruppo parlamentare della Dc, De Gasperi aveva detto seccamente: «Meno applausi e più voti». E poi aveva commentato: «Questa impopolarità (di Sforza) è in gran parte il frutto della ventennale denigrazione compiuta dalla propaganda fascista». Sta di fatto che La Pira (citiamo Andreotti) «si era detto preoccupatissimo perché Sforza aveva fama d'essere un cacciatore di gonnelle tuttora in attività, analoga tesi aveva sostenuto presso un alto prelato il direttore autorevolissimo di un quotidiano romano (si trattava di Missiroli, *N.d.A.*) sostenitore ardente della candidatura del senatore Casati. Contro Sforza si espressero anche le deputate signora Lombardi e signora Federici». Anche secondo Andreotti però Sforza l'avrebbe spuntata se gli avessero dato l'appoggio i socialdemocratici, dichiaratisi contrari a oltranza.

A tarda sera del 10 maggio una ristretta delegazione di

democristiani (Piccioni, Cingolani, Andreotti) raggiunse Sforza nella sua villetta di via Linneo. Furono fatti attendere in un salottino: e videro sulla scrivania un manoscritto che cominciava con le parole «Onorevoli senatori, onorevoli deputati». Con immenso imbarazzo i tre esposero la situazione a Sforza, che li mise subito a loro agio, da quel gran signore che era. «De Gasperi mi aveva offerto la candidatura e io mi rimetto completamente al suo giudizio. Non mi perdonerei mai se arrecassi a lui fastidio o disturbo. Mi ritiro senz'altro dalla competizione e sono a disposizione per continuare o no la mia opera nel Ministero secondo quello che si riterrà più conveniente agli interessi del Paese. Ci mancherebbe altro che i personalismi pesassero in momenti come questi.»

Tramontato Sforza, l'alternativa era Einaudi, il cui nome sarebbe stato presentato ai gruppi parlamentari della Dc alle otto del mattino successivo (11 maggio) prima del terzo scrutinio. De Gasperi delegò seduta stante Andreotti a comunicare a Einaudi la proposta democristiana. Il vicepresidente del Consiglio viveva ancora nella residenza che gli era stata assegnata come governatore della Banca d'Italia, in via Tuscolana. Ricevette l'ambasciatore di De Gasperi alle sei e mezzo, con le prime luci del giorno: si disse lieto d'accettare anche se confessò che la sua zoppia gli causava qualche perplessità. Temeva gli mancasse «la prestanza necessaria nelle pubbliche cerimonie, e particolarmente nelle riviste militari». «Sono claudicante e in piedi ho bisogno di appoggiarmi al bastone con la mano destra. La sinistra sarà occupata a tenere il cappello. Come farò a salutare bandiere e a stringere la mano a generali e ammiragli?». Rassicurato, riaffermò la sua disponibilità. Einaudi, marito modello, non trovò obbiettori tra i deputati e senatori della Dc. Con una delle sue caratteristiche mosse, Togliatti avrebbe voluto, alla terza votazione, far convergere su Einaudi anche i voti delle sinistre, consentendone la nomina al terzo scrutinio. «Il suo proposito – scrisse Nenni – è stato mandato all'aria dalla faziosità dei democristiani che hanno rifiutato una sospensione di seduta per lasciare ai gruppi il tempo di consultarsi. C'è stato allora un tentativo dei comunisti di uscire dall'aula in segno di protesta. Mi sono opposto e i comunisti sono rapidamente rientrati... D'altro canto non c'era nessuna ragione di votare Einaudi che un anno fa ha recato alla svolta moderata della Dc l'apporto della propria rispettabilità accademica e liberale.» *In extremis* le sinistre estrassero dalla manica il nome di V. E. Orlando, sperando di dividere la maggioranza. Ma al quarto scrutinio Einaudi uscì senza problemi, cinquecentodiciotto voti contro trecentoventi a V. E. Orlando.

L'indomani, a Montecitorio, Einaudi giurò e lesse il messaggio d'insediamento nel quale ricordò di aver votato per la Monarchia nel referendum del 2 giugno 1946, «una opinione radicata nella tradizione e nei sentimenti», ma s'impegnò a dare «al nuovo regime voluto dal popolo qualcosa di più di una mera adesione». I parlamentari monarchici, che avevano atteso l'arrivo di Einaudi inchinandoglisi, se ne uscirono «compostamente zitti ed in punta di piedi dalla porta di destra» (Gorresio) mentre egli giurava.

La Repubblica italiana aveva la sua Costituzione, il suo primo vero Parlamento, il suo primo vero Presidente: aveva soprattutto un protagonista, Alcide De Gasperi.

POSCRITTO

Gl'italiani della generazione cui appartengono gli autori di questo libro sono soliti definire il periodo che va dal referendum istituzionale alle elezioni del 18 aprile come quello delle grandi speranze. Lo fu. Ma fu anche quello delle grandi paure e delle prime delusioni.

Tutto sommato, nel confronto con altri Paesi diventati anche senza loro colpa campi di battaglia, l'Italia se l'era cavata abbastanza a buon mercato. Come perdite di vite umane, ne avevamo avute meno che nella prima guerra mondiale, e le ferite inferteci dai bombardamenti impallidivano di fronte a quelle subìte dagli altri Paesi belligeranti. Nel Nord occupato dai tedeschi, la *strafe*, il castigo, annunziato da Hitler dopo l'8 settembre, era stato attutito dalla Repubblica di Salò (questo è un merito che non le si può contestare), e nel Sud gli Alleati erano sbarcati senza intenzioni punitive. Ma la grande illusione, covata dalla maggioranza della popolazione, che l'Italia potesse trasferirsi e inserirsi nel campo dei vincitori senza pagare dazio, come se i tre anni di guerra combattuta, sia pure di malavoglia, a fianco dei tedeschi, potessero essere cancellati con un colpo di spugna, fece presto a cadere lasciandosi dietro una scia di amarezze e di rancori, che non rimasero senza conseguenze sulla ripresa politica. Pochi italiani si rendevano conto che quello fattoci dai vincitori era un trattamento di favore, e che per esempio la perdita delle colonie, dolorosa per i connazionali che vi si erano trasferiti, ci liberava da un problema che altrimenti avrebbe avvelenato tutta la nostra vita politica, come l'Indocina e l'Algeria avvelenarono in seguito quella francese. L'unica vera e grave amputazione fu quella delle terre dàlmate e giuliane, che ci costò la perdita di città e popolazioni fra le più civili e le più italiane. Ma era impossibile evitarla, visto il contributo di sangue che gli iugoslavi avevano dato alla resistenza antitedesca. Era già un mezzo miracolo che gli Alleati ci aiutassero a salvare Trieste e Gorizia. Ma più che sproporzionati alle nostre colpe, i sacrifici parvero addirittura una ingratitudine verso i nostri meriti resistenziali, che la propaganda comunista seguitava a gonfiare sino a far apparire determinante il nostro contributo alla vittoria finale, e poco meno che pleonastico quello delle armate anglo-americane sbarcate nella penisola. E su questi sentimenti e risentimenti il partito di Togliatti poteva giuocare – e giuocò – da par suo per trascinarci nell'altro campo, o quanto meno per distaccarci da quello alleato. Gli orrori dello stalinismo non si erano ancora rivelati agli occhi di molti italiani, che li consideravano fandonie o almeno esagerazioni della propaganda «capitalista».

L'Italia si era buttata alla ricostruzione, ma si aveva l'impressione che lo facesse febbrilmente, girando in folle, e ciascuno per sé, guidato soltanto dall'istinto della sopravvivenza. Questo trionfo del «particulare» era in stridente contrasto con le grandi predicazioni ideologiche, tutte volte all'esaltazione del collettivo e del comunitario, e aumentava la confusione, ma non alimentava le speranze. Che lo facesse per convinzione o per paura, il cosiddetto uomo della strada si era annodato al collo il fazzoletto rosso e «dimostrava» soltanto sotto quella bandiera. Tra la fine del '47 e gl'inizi del '48 erano in pochi a dubitare che la neo-restaurata democrazia non avrebbe retto alla grande prova elettorale e sarebbe diventata «popolare» come quelle instaurate nei Paesi dell'Est piantonati dall'Armata Rossa.

Fu in questo clima che si svolse la prima vera campagna

elettorale del dopoguerra, quella che doveva decidere le sorti del Paese. Bisognava anzitutto far capire agl'italiani l'importanza della posta. Ma non bastava. Bisognava anche persuaderli che per combattere un blocco come quello socialcomunista, reso ferreo dalla disciplina del partito di Togliatti, occorreva un altro blocco, che si poteva costituire solo intorno a un altro partito di massa. E nel campo democratico ce n'era uno solo che presentasse questo requisito: la Democrazia cristiana.

Per i moderati di parte laica, fu un boccone amaro da inghiottire. Essi non avevano un gran ricordo del «Partito popolare» di Don Sturzo, di cui la Democrazia cristiana era l'erede. Dopo la prima guerra mondiale, esso aveva fatto concorrenza ai socialisti non solo nel tenere in agitazione le piazze, le fabbriche e le campagne, ma anche in quel cumulo di errori che avevano spianato a Mussolini la via del potere. Non aveva mai voluto intendersi con le forze cosiddette «borghesi», ch'era l'unico modo per sbarrargliela. E la sua pattuglia parlamentare (che era più di un reggimento: 150 deputati) si era adoperata soltanto a paralizzare i fatiscenti governi liberaldemocratici che cercavano di riportare un po' d'ordine fra le opposte fazioni rosse e nere.

Ma ora non c'era scelta: solo facendo quadrato intorno alla bandiera scudo-crociata, si poteva sperare di far diga alla montante marea socialcomunista. E così per la prima volta si videro scendere in campo in suo aiuto anche i laici più gelosi di questa etichetta.

La Chiesa di Pio XII fece altrettanto. E anche questo era la prima volta che succedeva. Essa aveva sempre avversato la costituzione di un partito cattolico, e quando Don Sturzo aveva fondato il suo, gli aveva proibito di chiamarlo cattolico e di assumerne la rappresentanza in Parlamento, ribadendone l'incompatibilità con la veste talare. Dopo l'instaurazione della dittatura fascista, quando De

Gasperi, che faceva le veci di Don Sturzo, dovette disciogliere il partito e cercare un posto di lavoro in Vaticano, Pio XI gli fece dare quello di bibliotecario, ma a condizione che cessasse ogni attività politica, e non volle mai riceverlo. Il suo successore, Pio XII, non abbandonò le sue prevenzioni verso il rifugiato nemmeno quando questi diventò Capo del governo e della crociata anticomunista. Ma schierò la Chiesa in suo aiuto.

Oggi si fanno molte ironie sulle armi ch'essa impiegò in quella battaglia: le «volanti» di frati e monache per convertire al voto i renitenti, le processioni, le Madonne che piangevano, la voce tonante di Padre Lombardi, il «microfono di Dio». Era una propaganda che aveva realmente aspetti avvilenti, da Terzo Mondo. Ma coloro che a distanza di quarant'anni ne fanno la facile caricatura, forse dimenticano che ad essa devono, almeno in parte, la salvaguardia del diritto di fare caricature.

Pochi tuttavia erano disposti a credere che ciò bastasse a sventare il pericolo. Molto meglio organizzata, la campagna socialcomunista poteva contare su messinscene più drammatiche, su adunate più «oceaniche», su cori di folla meglio orchestrati, su *slogans* più efficaci. Il ministro degl'Interni, Scelba, mi confidò che più si avvicinava la data del 18 aprile, più cresceva la massa dei capitali fuggiti all'estero, molto spesso seguita da coloro che li avevano esportati (ed è allora che chi scrive si persuase che il capitalismo meriterebbe degli uomini migliori dei capitalisti).

La paura tuttavia giuocò in due sensi. Se da una parte spinse alla diserzione molti di coloro che potevano permettersela – e che in fondo erano pochi –, dall'altra fece da mastice alla resistenza coagulandola intorno al partito e all'uomo che ne erano assurti a protagonisti. De Gasperi non aveva nulla che lo qualificasse a questo ruolo. La sua oratoria non era granché e, caso mai, era più da aula che da piazza. Non aveva il genio degli *slogans* ad effetto, nei quali Nenni era un maestro. Il suo italiano era un po' tradotto dal tedesco. Insomma, non esercitava sul podio nessun carisma. Per di più, era del tutto sprovvisto di quelle arti di lusinga e di seduzione che attirano le simpatie degl'intellettuali. Di costoro, quasi tutti schierati su posizioni di sinistra, quello che gli dette l'aiuto più sostanzioso fu il gruppo che faceva capo al settimanale umoristico *Candido* di Mosca e Guareschi. Soprattutto Guareschi, sebbene laico e anticlericale, si rivelò con la sua satira efficacissimo non solo nell'interpretare, ma anche nell'orientare gli umori popolari. De Gasperi non fece nulla per sollecitarne l'appoggio, e Guareschi non chiese nulla per darglielo. I due uomini non erano fatti per intendersi, e infatti s'intesero così poco che qualche tempo dopo De Gasperi mandò in galera Guareschi ad epilogo di un processo per diffamazione. La diffamazione c'era. Ma avrebbe dovuto esserci anche un po' di gratitudine per un uomo che del tutto disinteressatamente, e anche a dispetto delle proprie personali allergie, aveva dato al successo della Dc un contributo decisivo. Il fatto è che De Gasperi non sacrificava nulla ai sentimenti e alle passioni, era incapace di abbandonarvisi: e lo si sentiva anche dalla sua disadorna oratoria che non riscaldò mai le piazze. Ma proprio questa sua antiretorica, dopo i vent'anni di retorica fascista, avvalorava l'impressione di un uomo duro, di scarsa immaginazione, in certe cose anche un po' ottuso, ma serio, onesto e coraggioso, che meritava la fiducia e la rendeva contagiosa.

NOTA BIBLIOGRAFICA

Come per *L'Italia della guerra civile*, la pubblicistica riguardante il periodo storico trattato nell'*Italia della Repubblica* è vastissima, e altrettanto vasta è, in questo caso, la gamma delle testimonianze. Per non affollare pagine e pagine di titoli e citazioni, e per non offrire indicazioni incomplete, abbiamo deciso di rinunciare a una sistematica bibliografia. I riferimenti essenziali sono tuttavia indicati nel testo.

CRONOLOGIA ESSENZIALE

1946

2 giugno – Referendum istituzionale: vittoria della Repubblica. Elezioni per l'Assemblea Costituente.

13 giugno – Umberto II lascia l'Italia.

28 giugno – Enrico De Nicola eletto Presidente provvisorio della Repubblica.

16 luglio – Costituzione del secondo Ministero De Gasperi (Dc, Psiup, Pci, Pri).

21 luglio – Inizio a Parigi della Conferenza per la pace.

10 agosto – Discorso di De Gasperi alla Conferenza per la pace.

5 settembre – Accordo De Gasperi-Gruber per l'Alto Adige.

15 settembre – In Bulgaria proclamazione della Repubblica popolare.

16 dicembre – In Francia costituzione di un governo socialista presieduto da Léon Blum.

1947

5-15 gennaio – Viaggio di De Gasperi negli Stati Uniti.

11 gennaio – Scissione di Palazzo Barberini: il Psiup si divide in Psi e Psli.

20 gennaio – Dimissioni del Ministero De Gasperi.

3 febbraio – Costituzione del terzo Ministero De Gasperi.

10 febbraio – A Parigi firma del trattato di pace tra gli Alleati e l'Italia.

12 marzo – Truman espone al Congresso il suo programma di «contenimento» dell'URSS (dottrina Truman).

13 maggio – Dimissioni del Ministero De Gasperi.

30 maggio – Costituzione del quarto Ministero De Gasperi (monocolore Dc).

5 giugno – «Piano Marshall» per la ricostruzione economica dell'Europa.

15 agosto – Proclamazione dell'indipendenza dell'India: P. Nehru Primo ministro. Nascita della Repubblica del Pakistan.

5 ottobre – Costituzione del Cominform.

22 dicembre – Approvazione della Costituzione della Repubblica italiana.

28 dicembre – Morte di Vittorio Emanuele III ad Alessandria d'Egitto.

30 dicembre – In Romania proclamazione della Repubblica popolare.

1948

23 gennaio – Pci e Psi costituiscono il Fronte democratico popolare.

30 gennaio – A Nuova Delhi assassinato il mahatma Gandhi.

17 febbraio – In Cecoslovacchia costituzione del Ministero Gottwald.

10 marzo – A Praga, morte del ministro degli Esteri J. Masaryk.

18 aprile – Elezioni politiche in Italia: grande vittoria della Democrazia cristiana

11 maggio – Luigi Einaudi eletto Presidente della Repubblica.

INDICE DELLE ILLUSTRAZIONI AI CAPITOLI

INDICE DELLE CARTINE

INDICE DEI NOMI

INDICE GENERALE

BUR
Periodico settimanale: 4 settembre 2000
Direttore responsabile: Evaldo Violo
Registr. Trib. di Milano n. 68 del 1°-3-74
Spedizione in abbonamento postale TR edit.
Aut. N. 51804 del 30-7-46 della Direzione PP.TT. di Milano
Finito di stampare nell'agosto 2000 presso
Legatoria del Sud - via Cancelliera, 40 - Ariccia RM
Printed in Italy

ISBN 88-17-25894-6